やりたいことは全部やりなさい

最後に後悔しない25のヒント

森永卓郎

SB新書
689

はじめに

みなさんは、今本当に「やりたいこと」をやっていますか？

私は長年、こんな信条を持って仕事をしてきました。**「今やる、すぐやる、好きなようにやる」**――これこそが、後悔のない人生を送るためのシンプルなルールです。私は仕事を「遊び」にすることで、自由に、楽しく、夢中になってこれまでの人生を送ってきました。

そのような日々を送る中で、２０２３年11月、私は「ステージⅣ」のがんであることを宣告されました。これを機に、自分の人生の残り時間を強く意識するようになったのですが、その中で気づいたことがあります。

それは、「やりたいことを全部やる」ことこそが、後悔しない人生を生きるたったひとつの道だということです。後悔しない人生とは、「いつかやろう」と先送りせず、今この瞬間に、やりたいことに情熱的に取り組んでいく生き方です。

多くの人は、「お金を稼がないと生きていけない」「お金があればあるほど幸せになれる」と信じ込まされています。しかし、本当にそうでしょうか？

私は、**「やりがいだけのために生きる」ことこそが、真の幸福**だと確信しています。**資本の奴隷として、金銭的な豊かさを追い求め続けても、ただ疲弊するばかりで、その先に幸せな人生はありません。**お金はあくまでも、生きていくための手段のひとつにすぎません。私たちが本当に求めるべきは、ワクワクすること、自分の好奇心を満たすこと、そして、自分の個性を存分に発揮することです。

私はこれまで、経済アナリストとしての仕事の傍ら、カメラマン、落語家、歌手、童話作家と、興味を持ったありとあらゆるものに挑戦してきました。

もちろん、うまくいかなかったものもあります。しかし、それらは決して無駄ではなく、自分の人生を豊かにする大切な経験になりました。

私が、これからの時代を生きていくみなさんに伝えたいのは、**「人生は短い。だから**

こそ、もっと自由に、もっと大胆に生きよう」ということです。

多くの現代人が「安定」を求め、「正しい」と信じられているルールに縛られ、お金のために働き続けています。しかし、これらはみなさん個人の人生の幸せと必ずしもイコールではありません。

だからこそ、興味があることがあれば、とにかくやってみる。失敗しても構いません。**人生において最も大事なのは、「やりたいことを全部やり、完全燃焼する」こと**なのです。

特に年若いみなさんには、ぜひとも「人生の最後に後悔しない生き方」を選んで欲しいと思い、筆を執りました。

本書でお伝えする私自身の人生哲学が、みなさんの人生をより豊かにするヒントになれば著者として望外の喜びです。

２０２５年１月15日

森永卓郎

『やりたいことは全部やりなさい』目次

第1章

やりたいことは全部やりなさい

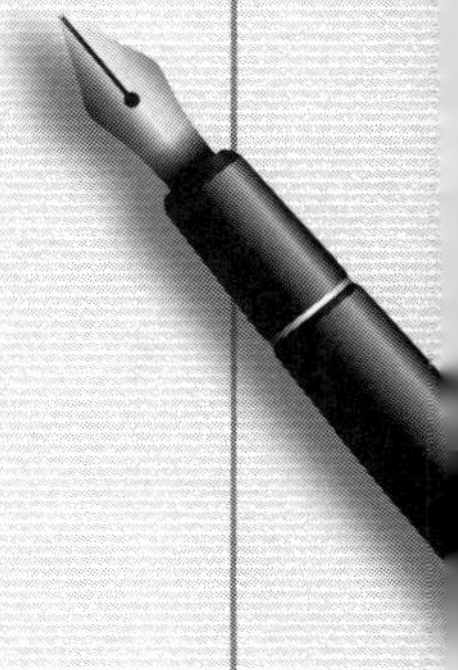

とにかく、今やる、すぐやる、好きなようにやる

常識 ⬇正社員は安定しているから、専業で働く

真実 ⬇**正社員の安定を活かし、会社の仕事以外にも挑戦する**

仕事で得られる「所得」と「生きがい」

みなさんは、人は何のために働くと思いますか。仕事の機能とはいったい何でしょうか。

私は働く目的、仕事の機能というものを、明確に2つに分けています。

1つは「所得を得る」という目的・機能、もう1つは「生きがいを得る」という目的・機能です。そして特に現代、人が幸せに生きていくには、後者を重視するべきだ

と信じているのです。

おそらく「所得を得る」というのが一般的な認識だと思いますが、今すぐに切り替えたほうがいいでしょう。

なぜなら、かつて「一億総中流」と言われた日本社会は崩壊しつつあり、会社員の給料はどんどん下がっていくと考えられるからです。資本主義の終焉《しゅうえん》が近いというのも、これからお話しする通りです。

こうした社会状況で、いつまでも仕事を「所得を得るもの」として捉えていたら、精神的につらくなるだけです。その目的である肝心の所得が下がっていくことは目に見えているわけですから。

かくなる上は、所得を得ることとはまったく別の切り口から、仕事の目的・機能を見出す必要がある。それが「生きがいを得る」ということなのです。

おそらく多くの人が、収入が下がるにつれて、生活レベルも下がることに恐怖を感じていることでしょう。でも意識さえ転換できれば、何も怖いことはありません。

私など、外車のフォルクスワーゲンの「ゴルフ」から、トヨタの「カローラ」、さらには別の軽自動車へと、どんどん自家用車のグレードを下げていきましたが、車ごとの違いを感じるだけで、挫折感やわびしさはいっさい感じませんでした。

「一億総中流」ではなく、「ほとんどが低収入」という時代が来ようとしている今、仕事に命を懸けても、中流の生活が得られるとは限りません。ならば**生きがいを得ることと以上に仕事に求めるべきことはない**とすら思えます。

いくら所得が下がろうとも、生きがいを感じることができれば、誰だって仕事で幸せになれるはずなのです。

やりたいことは全部やりなさい

大学を卒業して日本専売公社（現・日本たばこ産業株式会社）に入社してからずっと、私の人生の優先順位は、ぶっちぎりで仕事がトップでした。といっても、仕事以外のことを何もやってこなかったわけではありません。特に40代、50代と年齢を重ね、仕事のスキルと経験が蓄積されてからは、興味があることには、とりあえず手を出してみるようにしてきました。本書の「はじめに」でも述べた通り、**私のモットーは「今**

やる、すぐやる、好きなようにやる」。人生はあまりに短い。やりたいことを全部やり、悔いなく生きるために、興味が赴くままに何でもやってきたという自負があります。

たとえば、カメラマンに挑戦してみたことがあります。連載を持っていた経済誌に頼み込んで巻頭グラビアを担当させてもらったのですが、やがて私がマニアックな方向に走り始め、編集部が求めるものとの齟齬《そご》が生じたところでお役御免となりました。意外に思われそうなところでは、落語家を目指して笑福亭鶴光師匠に弟子入りしたことや、歌手を目指してレコード会社にデモテープを送ったこともあります。いずれもまったく芽が出ず、早々に諦めることになりました。

一方で、挑戦し続けた結果、実現したものもあります。童話作家になりたくて、たびたび絵本を描いていては出版社に売り込んできたのですが、そのなかの一部が、ついに出版される運びとなりました。私は今までに何冊も本を書いてきましたが、同じ出版でも、私自身がたくさん書いてきた実用書と絵本とでは、まったくの畑違いです。それがとうとう童話作家としてもデビューできることになったのは、ここ数年でもっともワクワクする出来事でした。

興味を持ったら、とにかくやってみる

みなさんも、こんなふうに、興味を持ったら何でもやってみたらいいと思います。

正社員という立場にあるのなら、なおのことです。給料が上がらないといっても、正社員は、時給換算で非正規社員の2倍ほども受けとっています。その給料が保証されている上、社会保険料は会社が半分持ってくれて福利厚生もついています。そして極めつきに、正社員がクビになることはそうそうありません。つまり、何でもやってみることができる盤石な土台が、すでにあるわけです。

また、社会状況に目を転じると、一応は好景気が続いています。ただし、それも風前の灯火と見るべきで、近々に大暴落が起これば、生き残れるのは他者と競合しない特殊能力をもった人たちだけになるでしょう。**会社員にも熾烈な戦いが待っています。そこで生き残るには、単なる職人やプロフェッショナルではなく、同時にアーティストであることが重要**です。

たとえば、村上隆さんというアーティストはフィギュア作家としても知られていますが、彼の作品は当初は6000万円、今では10億円を超えています。それは、多くの人がそこにアートとしての価値を見出しているからです。「精巧なフィギュアを作る職人」というだけでは、そんな値はつかないでしょう。いきなりハイレベルな例を出してしまいましたが、本質は変わりません。

思い立ったいろんなことに手を出してみるのは、言ってみれば、やりたいことを全部やって、アーティストとして生きるための「種まき」です。何に挑戦するにせよ、それが飯のタネになるかどうかは問題ではありません。**好きでやっていることが、たまたまお金になる場合はあっても、そもそもお金を稼ごうとは思っていない、アーティストとは、そういうもの**です。それぞれが思い思いに個性を発揮して生きていくために、アーティストとして生きるための種を、今からふんだんにまいておくに越したことはないでしょう。

物書きとしてはアーティストになれたと言える私の場合、童話作家の種はやっと芽が出て、小さな花を咲かせるところ。カメラマンの種は芽吹いたものの、途中で枯れてしまった。落語家や歌手は芽が出なかった。しかし種をまいてみたことで、これらのおもしろさや大変さを味わえたこと自体、私の人生にとって大きな価値があります。このように、芽が出る種もあれば芽が出ない種もある。芽が出ないと感じたら、さっさと撤退して次の何かに向かう。それでいいのです。

飯のタネになろうとならなかろうと、いろんなことに手を出してみた経験が積み重なるほどに知識・教養は深まり、知見は広がり、人生は豊かになっていくというわけです。

「今やる、すぐやる、好きなようにやる」。興味を持ったことは何でもやってみよう

「アーティスト」になりなさい

常識 ⬇格差社会で成功するには富裕層を目指す

真実 ⬇資本の奴隷にならず、アーティストとして自由に生きる

ハゲタカ・奴隷・アーティスト、どれで生きるか

今、日本の社会では格差がますます広がっています。

その典型例は、野球界とお笑い界のなかの格差でしょう。たとえばプロ野球では、全選手の年俸合計額の約54％を少数のスター選手が独占しています。それを思うと、スター選手の年俸が話題になるたび、桁違いの数字に驚くと同時に「話題にならない大半の選手たち」のことを考えずにはいられません。

お笑い界も同様の構造になっており、ある大手お笑い芸能事務所では、売れっ子芸人が事務所の総収入の79％を得ているといいます。

ここまでならば、「そういう世界もあるんだな」で済む話かもしれません。しかし現実には、同様のことが一般社会でも起きています。とんでもなく裕福な人もいれば、とんでもなく貧しい人もいるという格差が、すでにこの社会の常態となってしまっているのです。

それはテクノロジーの発展により、ますますひどくなっていくと考えられます。現にある予測では、人間の仕事のうち49％がロボットにとって代わられ、さらにＡＩがもっと普及すれば、人間の仕事のうち90％が奪われるとも言われています。

ロボットやＡＩ技術の発展によって生産性を劇的に向上させる人がいる一方で、いつそれらに仕事を奪われるかと恐れている人もたくさんいるでしょう。

将来的には、人がやることといえばロボットやＡＩのスイッチを入れたり切ったりするだけ、ということが現実になるかもしれません。そうなれば当然ながら収入は減り、年収10万円なんていう時代が来ることも考えられます。

さてどうするか。**私が唯一、有効と考えている対策は、一律の支給金によって国民に最低限の生活を保障するベーシック・インカム制度**です。

「最低限の生活で十分」という人は支給額の範囲内で暮らせばいいし、もっと豊かな生活がしたい人は仕事をすればいいので、働く意欲が奪われることもありません。

問題は財源ですが、私の見立てでは十分確保できます。

まず、ベーシック・インカムは国民一律で支給するため、国民年金や生活保護は必要なくなります。つまり、今までこれらに費やしていた分がベーシック・インカムの財源になります。

また、これらの制度がなくなることで、煩雑な手続きを担ってきた人たちが必要なくなり、行政コストをカットできる。その分もベーシック・インカムの財源に入れられます。

もちろんこれだけでは足りません。

そこで累進課税率をもっと細やかにして高所得者からの所得税を増やしたり、保険金の限度額を上げたりすれば、さらにベーシック・インカムの財源を積み増すことができます。

たとえば、所得税の税率は、所得の多寡によって5%〜45%の開きがあります。最高税率の45%の対象となるのは課税所得4000万円以上の人なのですが、1億円や2億円の所得がある人ならば、もっと税率が高くても問題ないでしょう。超富裕層の所得税率を上げることで増収となる所得税も、ベーシック・インカムの財源に入れる。これこそ、まさに富の再分配です。

私は、人生には3つの選択肢があると考えてきました。

①ハゲタカ=富裕層を目指して、お金儲《もう》けに邁進《まいしん》する
②奴隷=中流を維持するべく「社畜」になる
③アーティスト=資本の奴隷にならず、クリエイティビティを発揮する

この3つのうち、みなさんに目指していただきたいのはアーティストです。

私自身、これまでの人生でアーティストであることを意識してきました。

ましてベーシック・インカムで最低限の生活が保証される時代が訪れた暁には、ひたすら金儲けに走るハゲタカになる必要も、クリエイティビティを発揮することなく、会社にしがみつくだけの奴隷になる必要もありません。

食いっぱぐれることなく、胸を張って好きなことをして生きていくことができます。もちろん会社員でい続けたとしても、クリエイティビティを発揮して仕事をしていれば、それは立派なアーティストです。

どうやら私が生きている間には、ベーシック・インカムは実現しそうにありません。でも、まだまだ未来あるみなさんなら、そんな時代を迎えられるかもしれない。もし、仮にそうでなくとも、私が実践してきたように、アーティストとして生きることは可能なのです。本章でお話しすることも参考にして、ぜひ心豊かな人生を歩んでいって欲しいと思います。

資本の奴隷になってはいけない

獨協大学経済学部で教えるようになって20年ほどたちますが、近年は、ゼミ生たちにも一貫して「アーティストになりなさい」と教えています。

経済学部なのにアーティストになることを説く。我ながら異色だと思いますし、実際、違和感を抱いた学生も多いでしょう。

そもそも進学先として経済学部を選びはしても、大学院にまで進んで学者になろうという学生はほとんどいません。

この社会で生きていく上で、経済学の基礎くらいは理解しているに越したことはありませんが、ゼミで複雑な経済理論を教えたり、議論をさせたりしても、彼らにとっては大した糧にならないでしょう。

ならば、経済学の枠を飛び出して、「いかに生きるか」そのものを教え、ともに考えたらどうだろうかと思ったのです。

幸いというべきか、大学教授になる前、私はさまざまな組織を渡り歩きました。しばしば仕事上の困難に直面したり、嫌な上司を疎ましく思ったりしながらも、独自に「仕事で幸せになる方法」を確立してきたという自負があります。

その経験から得てきた教訓こそ、これから社会に出る学生たちに私から引き継ぐことができる最大の糧に違いありません。

それをひと言で言い表したものが「アーティストになろう」ということなのです。

ですから、もちろん「アート」を教えるわけではありません。

私のいうアーティストとは、資本の奴隷にならずに、クリエイティビティを発揮しながら生きることを意味します。会社員であっても、そういうスタンスに立って仕事に取り組めば、どんな仕事も「アート」になり、誰もが「アーティスト」になれるというわけです。

自分の仕事をアートにしているアーティスト。言い換えれば、それは、ときには周囲を巻き込みながら、自分の好きなことを好きなようにやっている人です。組織の一歯車として社畜的に働くのではなく、主体的、自律的、自立的に仕事に取り組んでこそ、己のクリエイティビティを発揮することができるのです。

こうした考えから、自分のゼミの内容をガラリと変えた私ですが、ある壁にぶつかりました。

自身の経験から、組織内でクリエイティビティを発揮する方法を教えることはできるのですが、クリエイティビティそのものは教えることができません。

たとえば、組織内でクリエイティビティを発揮するには、自分のやりたいことを周囲の人々に認めてもらう必要があります。要は自分のやりたいことが、上司などの目にも魅力的でメリットがある提案に映るようプレゼンテーション技術を高めなくてはいけない。こういう話なら、プレゼンテーションのテクニックを教えることはできます。

しかし、「何をやりたいのか」というクリエイティビティは、誰かに教わるものではありません。自分のクリエイティビティは、自分で模索し、何度も試行錯誤を重ねるなかで培っていくしかないのです。

そこで私は、学生たちにプレゼンテーションの技術を授け、後は「舞台」だけ準備することにしました。

100分の制限時間内であれば、どんなことを発表してもいい。ただし舞台に立つ以上は、聴衆であるゼミ仲間を楽しませなくてはいけない。ここで学生たちは、「何を発表するか」(クリエイティビティ)と「どう発表するか」(プレゼン技術)を同時にトレーニングできるというわけです。

これは自分自身を深掘りし、理解しているはずの自分自身について、新たな発見と理解を得るプロセスでもあります。

「何を発表すればいいのかわからない」というところから始めた学生でも、発表に向けて自分を深掘りするうちに、自分の興味関心が浮かび上がってくる。それをさらに鍛錬する努力は、後からついてくるということも確認できました。

今、仕事がおもしろくないという人もいることでしょう。ここでお話ししてきたことは、そのまま社会人にも当てはまります。

仕事がおもしろくないのは、まだ、その仕事に主体的、自律的、自立的に向き合っていない、つまりクリエイティビティの発揮のしどころが見つかっていないからでしょう。あるいは自分が本当にやりたいことが、まだ見つかっていないとも考えられます。

どちらのケースでも、やるべきことは同じです。とにかく、いろんなことにチャレンジしてみること。チャレンジを通じて自分を深掘りしていけば、自ずとやりたいことが見えてくるでしょう。

そして先ほども述べたように、人は興味があることについては努力を惜しみません。**やりたいことが見つかれば、誰もが自然と努力するようになる。そしてやがては、自分のクリエイティビティを存分に発揮して活躍できる、素晴らしいアーティストになっていく**ことでしょう。

人の生き方には「ハゲタカ」「奴隷」「アーティスト」の3種類がある。アーティストとして生きよう

「セカンドベスト」の仕事を見つけよう

常識 ⬇自分にとって「ベスト」な仕事を選ぶ

真実 ⬇試行錯誤した上で「セカンドベスト」な仕事を選ぶ

楽で、やりがいがあって、儲かる仕事はない

私はこれまでに3回の転職を経験し、転勤や出向も重ねてきました。経験してきた職場は10を超えます。いろいろな調査・研究や報道にも携わってきました。少し顔が知られるようになってからは、人の仕事の取材をする機会もあり、多くの仕事を目の当たりにしてきました。

これらの経験から言えるのは、「楽で、やりがいがあって、儲かる仕事」は存在しな

い、ということです。そんな仕事はないということを身にしみて味わいながら、自分が本当にやりたいことを探す過程をたどることこそ、人生を充実させていく一番の方法です。まず「やってみる」ことが大事なのです。

では最終的に、どんな仕事を選んだらいいのでしょうか。どのみち大変なことには変わりありません。もとより「楽で、やりがいがあって、儲かる仕事」なんてないのです。その時点で「ベスト」はないのだと心得ておいたほうが、案外、幸せな仕事人生になります。

つまり自分にとって「最高！」ではないけれど、「まあまあ、よい」と思える、いわばセカンドベストを見つけるということです。**私自身、「楽で、やりがいがあって、儲かる仕事はない」とわかっていたので、セカンドベストに活路を見出してきました。**

古今東西の経済状況を、過去から現在に至るまで調査・研究し、これからを予想することは楽な仕事ではありません。もし間違えてしまったら、私を信じてくれた多くの人に迷惑をかけてしまいます。そういう大変な部分もありますが、やりがいがあり、仕事の喜びを感じることができます。ただし儲けに関しては、儲かったり儲からなかったり。したがって総合的には「ま、いいか」というところで、まさに私にとっては「セカンドベスト」と言える仕事なのです。

「楽で、やりがいがあって、儲かる仕事」はないなかで、何がセカンドベストであるかは人それぞれです。さて、みなさんは、どんな仕事なら「最高！」とは言えないまでも、「まあまあ、よい」と思えるでしょうか。ぜひ、考えてみてください。

「正解のない世界」で生きるということ

私が大学で教鞭《きょうべん》をとり始めた20年前は、就職氷河期の末期でした。バブル崩壊から続く金融危機、さらにはＩＴバブル（58ページ参照）の崩壊と立て続けに不安要素が発生し、企業が軒並み採用を控えていたころです。

大学４年生のゼミでも、多くの学生がなかなか内定をとれず、日に日に焦りの色が濃くなっていく様を目の当たりにしました。せめて私にできることとして、経済学の複雑な議論なんかをするよりも、自分の個性をしっかり他者にアピールできる力を鍛えられるよう、プレゼンテーション技術を磨く場を設けたものです。

改めて振り返ってみると、当時の学生たちには、ある固定観念があったように思います。

ほとんど例外なく、学生たちは大企業を目指していました。業種よりも規模を見て、受ける企業を選んでいたのだと思います。誰もが知っている大手企業を受け、落とされては徐々にグレードダウンさせていくという具合でした。

日本にも新進気鋭のベンチャー企業がなかったわけではありません。しかし創業メンバーとともに主体性を持って自分のクリエイティビティを発揮し、会社を大きくしようといった発想を持つ学生は、まだかなり希少でした。

せっかく大学を出るのだから、なるべく大きな企業に就職したい。それが生涯安泰の道であるという考え方が圧倒的多数派だったのです。

その点、今はどうか。ゼミ生たちを見ていると、今の若い人たちには大企業志向がほとんど見られません。なかには大企業から内定をもらったのに、それを蹴ってベンチャー企業を選ぶ学生もいるほどです。

かつての学生が抱いていたような固定観念がなく、その仕事におもしろみや、やりがい、生きがいを「自分が」感じられそうかどうかで就職先を選ぶようになっている。いい変化が起きているなと思います。

と同時に、ひょっとしたら20年前の学生より大変な部分も多いのかもしれない、とも思うのです。なぜなら、今後、仕事はますます「個々のセンスの戦い」になっていくだろうと思われるからです。

小さな会社、特に設立されて間もない会社では、人員が少ない分、自分に任される裁量が大きくなります。上司に付いて仕事を覚える期間など設けられておらず、入社したての新人であろうと、積極的にアイデアを出したりアクションを起こしたりすることが求められます。いきなり大きな仕事を任されることもあるでしょう。

社内でのポジションも人生の先行きも、いかに自分のクリエイティビティを発揮するかで決まる。もちろんベンチャー企業を選ぶような人は、もとより大企業の一歯車になるのが嫌で、自分の個性を発揮できる場を求めているのでしょう。ただ、それはそれで過酷な日々が待ち受けているのです。

やはり、どこまで行っても「楽で、やりがいがあって、儲かる仕事」はないというわけですが、個々の感性のみで勝負しなくてはいけないという大変さを考え合わせても、今の若い人たちのほうがハッピーだと思います。

おもしろみや、やりがい、生きがいを求めて選んだ仕事ならば、かつて私の尊敬する上司だった三和総研社長、松本和男さんが示してくれた「自由で自己責任を負う」という働き方が自ずとかなうに違いないからです。

特に今は不確実性が高く、正解のわからないことばかりです。しかし、正解がわからないなかで自分なりの正解を求め、この広い世界に自ら手を伸ばして物事の感触を探っていくというのは、なんとクリエイティブで刺激的なことでしょう。

そんな時代に、みなさんは生きているのです。本書では悲観的な観測も述べていますが、それでも信じていてください。自分の意識や行動次第で、明るい未来を手にしていけるのだと。

「本当にやりたいこと」をするために
セカンドベストというと消極的に思えるかもしれませんが、そんな仕事に出合えた

ら、すでにラッキーなのです。そこでアーティストになるべく、クリエイティビティを発揮し、ポジションを築いていくほどに幸せな仕事人生となっていくでしょう。

私がこれまでに経験してきた職場や仕事のなかで、特に印象に残っているのは、調査・研究や報道の仕事です。これらの仕事は、常に新しい情報を収集し、分析し、発信するという点で非常に刺激的でした。特に経済状況の調査や予測は、未来を見据えるという意味で非常にやりがいがありました。しかし、その一方で、間違った情報を提供してしまうリスクも伴います。だからこそ、常に最新の情報を追い求め、正確なデータを提供することが求められます。

また、人の仕事を取材する機会も多くありました。さまざまな職業の人々と接することで、彼らの仕事に対する情熱や苦労を直接感じることができました。これらの経験を通じて、「楽で、やりがいがあって、儲かる仕事」は存在しないという現実を痛感しました。

結局のところ、自分が本当にやりたいことを見つけ、それに向かって努力することが最も重要です。どんな仕事でも大変なことは避けられませんが、そのなかで自分にとって「まあまあ、よい」と思える仕事を見つけることが、幸せな仕事人生を送るための鍵となります。

セカンドベストという考え方は、決して消極的なものではありません。むしろ、自分にとって最適な仕事を見つけるための積極的なアプローチです。自分の興味やスキルを生かし、クリエイティビティを発揮することで、仕事に対する満足感や達成感を得ることができます。

私自身、これまでの経験を通じて、さまざまな仕事に挑戦し、自分にとってのセカンドベストを見つけてきました。みなさんも、自分にとって「まあまあ、よい」と思える仕事を見つけ、そのなかでクリエイティビティを発揮し、充実した仕事人生を送ってください。

「まあまあ、よい」と思える仕事を見つけ、そのなかでクリエイティビティを発揮しよう

「会社の都合」に振り回されるな

常識　⬇社会人はプライベートよりも仕事優先
真実　⬇会社と自分との距離を賢くとる

仕事が最優先の時代は遠い過去

かつての高度成長を支えたのは、団塊の世代を代表とする世代です。彼らは、「会社と心中しても構わない」というほどの勢いで会社に尽くしてきました。その象徴が「うちの」という言葉です。自分の勤め先の会社を「うちの会社」と呼んでいました。

これは、会社を家族同様に考えていたということでしょう。いや、当時は「一番大切なものは？」と聞かれたら、多くの会社員が「会社」と答えていたことを考えると、本当の家族以上に大事なのは会社だったと言ってもいいかもしれません。

今では、そういう人のほうが珍しくなっているはずですが、それでも会社を優先しがちな場面があることは確かです。たとえば、仕事で急な出張などを命じられたときに、「家族と旅行するので」「彼女との約束があるので」といった理由で断る人は、そうそういないでしょう。本心ではそちらを優先したくても、口に出せば上司の覚えが悪くなり、それ以降、仕事がやりづらくなったり、昇給などに響いたりするかもしれない。それに自分が断ることで、先輩や同僚に迷惑がかかるのも避けたい。というわけで社命を優先させる人が多いのではないでしょうか。

そう考えると、「家族」とは言わないまでも、やはり「会社が大事」「仕事が最優先」というマインドは、まだまだ根強いと見るべきでしょう。上司や同僚との結束感が強いといえば聞こえはいいのですが、弊害もあります。親にとって「自分の子どもは世界一」で、欠点は目に入りません。会社に対しても、あまりにもプライオリティが高いと、同様の心理が働きます。客観的に見ることができなくなり、批判力が失われ、結果として「身びいき」が起こるのです。「うちの子どもは世界一」という親バカならば微笑《ほほえ》ましい限りですが、自分が属する組織に対する批判性を失うのは大問題です。

こんなことをいうと、「いやいや、私は会社のマイナス面が分かっているし、上司の欠点も挙げられる」といった声が聞こえてきそうですが、果たして、それは本当に客観的な批判なのでしょうか。むしろ馴れ合いの裏返しの憎まれ口ではありませんか。

仕事に邁進するのは素晴らしいことです。しかし、仕事に懸命に取り組むことと、「会社が大事」「仕事が最優先」という意識で働くことは、まったく別ものです。むしろ正反対と言ってもいいでしょう。前者には主体性がありますが、後者には主体性がありません。言い換えれば、前者はアーティストであり、後者は非常に奴隷的です。「会社が大事」「仕事が最優先」という意識では、常に自分を抑えて会社に忖度《そんたく》しながら働くことになるのです。

会社と賢く距離をとる

ですから、**特に現代においては、仕事に邁進しながらも、どこかで会社と自分とを切り離す意識が重要**でしょう。そうすれば、自分自身を見失わずに済みますし、自分自身の価値観や目標を持ち続けることができます。そして、その結果として仕事でも仕事外でもクリエイティビティを育み、発揮しながら幅広くやりたいことができるようになります。

こうしてまた一歩、自分自身をアーティストとして成長させることができるというわけです。自分自身を大切にしながら働くことで、本当に充実した人生を送ることができるでしょう。そして、そのような生き方こそが、本当の意味で豊かな人生といえるのではないでしょうか。

現代の働き方は、かつてのように会社にすべてを捧《ささ》げるものではなくなっています。多くの人が、仕事とプライベートのバランスを重視し、自分の時間を大切にするようになっています。それでも、急な出張や残業など、会社の都合に振り回されることは少なくありません。そんなときに、自分の意思をしっかり持ち、会社と自分を切り離す意識を持つことが重要です。

たとえば、家族との時間や自分の趣味を大切にすることで、仕事以外の充実感を得ることができます。これにより、仕事に対するストレスも軽減され、よりよいパフォーマンスを発揮できるようになります。また、自分の価値観や目標を明確にすることで、仕事に対するモチベーションも高まります。

さらに、**会社に対する批判力を持つことも重要です。自分が属する組織に対して客観的な視点を持ち、改善点を見つけることで、よりよい職場環境をつくることができます。**これにより、自分自身も成長し、会社全体のパフォーマンスも向上するでしょう。

結局のところ、組織に振り回されずに働くためには、自分自身の意思をしっかり持ち、会社と自分を切り離す意識を持つことが大切です。これにより、仕事でもプライベートでも充実した人生を送ることができるでしょう。そして、そのような生き方こそが、本当の意味で豊かな人生といえるのではないでしょうか。

仕事に懸命に取り組みつつも、会社と自分とを切り離し、賢く距離をとることが大切

第2章
「資本の奴隷」になってはいけない

資産形成よりもずっと大切なこと

常識 ⬇資産形成をしなければ、老後は不安

真実 ⬇投資は無用。シンプルな生活で豊かに暮らせる

「資産形成しなきゃいけない」は勘違い

私も67歳になり、自分自身を含めて、年齢の近い知人はみんな年金受給生活になっています。

彼らを見ていてつくづく思うのは、特に「資産形成」なんかしなくても、心身ともに豊かに老後を過ごすことは十分可能である、ということです。

私の周りの年金生活者たちは、大きく2つに分けられます。1つは都市部での生活にこだわり、年金受給年齢に達してからも働いている人たち。もう1つは、都市部で

の生活を捨て、都会と田舎の中間あたりでのんびり暮らしている人たちです。

そしてどちらのほうが幸せそうかというと、圧倒的に後者なのです。

高齢になってもなお、都市部での生活を維持しようとしている人たちは、すごくつらそうです。会社を引退してからも働こうと思ったら、残されているのはブルシット・ジョブくらいしかありません。

やりがいのかけらもなく、苦しいだけの「クソどうでもいい仕事」をして、何とか都市部の片隅で食いつないでいるというのが、彼らの多くが生きている現実です。キラキラした都会のよさを味わい続けるためには、収入がまったく足りないのです。

一方、後者のグループはどうでしょう。

都会と田舎の中間、私が名づけたところの「トカイナカ」は不動産が都会に比べ安価です。現役のうちに数百万ほど捻出して家を買っておけば、多少の維持費や固定資産税が生じるだけで、毎月の家賃はゼロです。

生活コストだって、言うまでもなく都市部より圧倒的に低い。これに加えて畑を耕し、太陽光発電を備えつければ、食費や電気代もかなり抑えられます。

そんななか、**トカイナカで暮らしている彼らのような人たちは、晴耕雨読で趣味に興じながら、わずかな貯蓄と年金の範囲内で十分豊かに暮らしています。**

ある人は音楽が趣味で、ずっと挑戦してみたかったドラムセットを購入し、近所の同好の士たちとバンドを組んだそうです。確かにトカイナカなら、思い切りドラムを叩いても苦情は来ませんね。実は私も、最近、ギターを2本買いました。といっても高級なものではなく、どちらもフリマアプリで2000円程度でした。

さて、そんな両者の違いを踏まえて、改めて問いたいのは「資産形成は本当に必要か？」ということなのです。

資産形成は、ひと言で片付けられるほど簡単なことではありません。

投資という危ない橋を渡って資金をすべて失う可能性もあります。新NISAなど長期積み立てを推奨する言説は嘘だらけですし、資本主義経済そのものが瓦解しようとしている今、投資による全資産損失の危険は、いまだかつてなく高くなっています。

今、そこまでのリスクを背負ってまで資産形成するのは、とうてい有効な生存戦略とは言えません。それに対して、お金が必要ではない暮らし方を確立していけば、そ

もそも資産形成など考える必要はないわけです。そんなことをせずとも豊かに暮らす道を探ったほうが、今の生活も将来の生活も幸せになるでしょう。

投資は全部やめなさい

ギャンブルは長く続けるほどに損失が大きくなります。逆に、ビギナーズラックで大金を当てまくり、深追いせずにさっと手を引いた人は大きな儲けを手にします。このギャンブルの法則、実は投資も同じだと言ったら驚くでしょうか。

以前、２００４年から２０１４年までの間、毎年１０００ドルをアメリカのＳ＆Ｐ５００指数に投じた場合、短期投資と長期投資とでは、どちらのほうが利益・損失が大きくなるのかをシミュレーションしたことがあります。

２０１４年は株価が暴落したことも付記しておきましょう。

株価が暴落したときの損失率（**損失額÷累積投資額＝投資総額に占める損失額の割合**）**は、たしかに長期投資のほうが低くなりました。しかし損失「額」は、長期投資のほうがはるかに大きかった**のです。

この事実を知って、真っ先に疑いの目を向けるべきなのは、2014年からのNISAと2024年にスタートした新NISAです。「長期積み立て投資で将来の資産形成を」などと謳《うた》われていますが、今も見た通り、長期に投資を続けたほうが、たくさんのお金を失うことになる。新NISAの謳い文句は、私からすれば嘘なのです。

こういうことを言うと、決まって「それはバブルが崩壊したときに投資をやめると仮定しているからだ」と反論してくる人がいます。たしかにその通り。バブルが崩壊しても投資をやめなければ、ふたたびバブルが生じたときに株価が上がり、利益も上昇します。

ここで重要なポイントが示されていることに気づいたでしょうか。

長期投資で利益が大きくなるのは、いったん何かのバブルが崩壊しても、「またバブルが発生すれば」という条件つきなのです。

もしバブルが崩壊し、その後二度とバブルが発生しなければ、株価は暴落したまま地を這《は》い、ついには極限まで落ち込んでしまいます。その場合は、投資を続ければ続けるほど多くのお金を失うことになるわけです。

バブルの発生と崩壊は資本主義の性質ですから、二度とバブルが発生しないというのは、資本主義の終わりを意味します。

そして私は、**そう遠からぬタイミングに「その日」――最後のバブル崩壊と資本主義が終焉を迎える日が訪れると見ています。これが、「長期投資をしてもお金は増えない」と私が主張している根拠であり、今すぐ投資をやめることをすすめたい理由**なのです。

新NISAが開始されて以来、すでに13兆円もの国民のお金が世界株や米国株に流れ込んでいますが、これはお金をドブに捨てるようなものです。

バブル崩壊、株価暴落だけでも大きな損失になるというのに、今度は異常な円高も合わさって損失額は甚大になると予測できるからです。私の見立てでは、投資資産の価値が9割以上、毀損します。

今、世の中では円安の進展を憂える声ばかりなので、「円高」と聞いて不思議に思ったかもしれません。しかし今の円安が、とんでもない円高に転じる可能性は高いのです。

まず、為替とは単に「通貨の交換比率」であることを頭に入れてください。

投機により、一時的に大幅な為替変動が起こることはあるのですが、最終的には「購買力平価」に落ち着いていきます。購買力平価とは「一物一価」、つまり「同じものが同じ値段で買える」ということです。

問題はここからです。ＩＭＦ（世界通貨基金）が出した２０２４年の世界経済見通しによると、円ドル為替の購買力平価は90・９円なのです。

昨今の強い円安傾向を迷惑に思うあまり「１ドル＝91円になる日が近い」と聞いて万歳したくなったかもしれませんが、それは大間違いです。

円高になると、海外で日本の製品が売れにくくなり、輸出企業の業績が下がります。当然、投資家はそれを予見しますから、輸出企業から資金を引き上げる。すると輸出企業の株価が下がります。

為替で重要なのはバランスです。ほどほどの円安、ほどほどの円高が理想的であり、あまりにも円高に振れるのは、まったくいいことではありません。私は、購買力平価91円という域に達したら、日経平均株価は３０００円にまで下がる可能性が高いと考えています。

そして二度と株価は上がらない。みなさんは、ここまで聞いてもまだ投資を続けたい、始めてみたいと思うでしょうか。**今、投資はもっともリスクの高いギャンブルなのです。せっかく一生懸命働いたお金をみすみす捨てるようなまねは、くれぐれもやめて欲しい**と思います。

投資はギャンブルと同じ

今、投資をするのは大きなリスクとなる。私がみなさんに「投資はやめておきなさい」とお伝えしたい第1の理由はこれですが、実は、もう1つ理由があります。厄介なことに、**投資は「始める」よりも「やめる」ほうがはるかに難しい**のです。

少し想像してみてください。一生懸命働いて得てきたお金の一部を切り崩して、ある企業の株式を買ったとしましょう。

日々、価格は変動します。すると下降傾向のときは「また上がるかもしれない。今、売ったら損になるから、まだ持っておこう」となり、上がっているときは「まだまだ上がるかもしれない。もっと利幅を広げるために、まだ持っておこう」となるのが人情です。

少しテクニカルな話をすると、株式の売りどきは「下がりきらず、上がりきらないタイミング」です。下がっているときは損切りの判断、上がっているときはあまり欲をかかず、深追いしない利益確定の判断が必要ということです。

しかし、未来のことは誰にもわかりません。実際、株式の売り買いのタイミングは投資の専門家でも判断が難しいところです。企業の動向や経済の動向を、ある程度の確度で見極めた上で判断せねばなりません。

私は投資の専門家ではありませんが、経済の専門家ではあります。それでも後でお話しするように、かつて大きく判断を誤り、多額の資金を失うという手痛い経験をしました。

それが投資の素人ともなれば、言わずもがなでしょう。運任せでうまくいくことはあるかもしれませんが、狙ったタイミングで狙った利益を得るなんて的確な判断は、できなくて当然なのです。

かくして**価格が下がっているときも上がっているときも売る判断を下せず、ずっと持ち続けることになってしまう。そうしているうちに、やがてバブルが弾け、すべてパアになってしまってもおかしくない**というわけです。

そんなリスクを抱え込むことを考えたら、誰だって「投資はやめておこう」と考え、より堅実な貯蓄を選びたくなるのではないでしょうか。それでいいのです。

ちなみに私は、２０２０年前後から少しずつ投資用の株式の処分を進め、ドル建て投資信託以外は、２０２３年にすべての処分を完了しました。さらに２０２３年末にがん宣告を受けてからは、残してあったドル建て投資信託も処分してしまいました。

それぞれに理由があります。２０２０年前後の株式処分は、現在のバブルは近々に崩壊すると予想していたからです。また、残してあったドル建て投資信託の処分は、私が死んだあとに遺族に迷惑をかけないためです。

実は故人の株式や投資信託には、まず、死亡日の相場で計算した評価額に相続税がかかります。その上、相続した株式の売却益にも課税されるため、事実上の二重課税になってしまうのです。しかも、相続人が株式を売却するのは容易ではありません。

金融資産というと「家族など大切な人への遺産」というイメージもあるでしょう。

しかし実際には、**相続税に売却益への課税、さらには手続き上の面倒と、現実的には相続人に二重三重の迷惑をかけることになってしまいます。ならば貯蓄として残したほうが、ずっと手続きはシンプルであり、なおかつ税額も抑えられる**というわけです。

投資は、素人にはハイリスク。投資よりも貯蓄を堅実に続けよう

「NISA神話」を信じてはいけない

常識 ➡NISAを活用すれば着実かつ安全に資産形成できる

真実 ➡NISAは投資リスクを隠し、国民を危険に導く

騙されてはいけない「NISAの5つの嘘」

新NISAは岸田政権のときに始まりましたが、そもそもNISAという仕組みがどれほど欺瞞《ぎまん》に満ちたものであるかを、ここでまとめておきましょう。

NISAとは、一定額までの投資については課税が免除されるという税制です。これを利用して長期積み立て投資をすれば、余計な税金を支払うことなく、効率的に資産形成できるというイメージが世の中に広まっています。

旗振り役である政府がそのように謳い、メディアを通じて盛んに伝えられてきました。現にテレビやネットでは、「今すぐＮＩＳＡを始めよう」「始めるなら当社で」といった金融機関の宣伝が引きも切らず流れてきます。

その様を見るにつけ、なかば「洗脳」に近いことが行われていると、私はかねがね恐ろしく感じてきました。

国民を新ＮＩＳＡ、投資へと誘導している根本には、６つの投資神話が隠れています。

神話と言ってわかりづらければ、はっきり「嘘」といってもいいでしょう。これらの嘘は、そのまま老後生活に関する「常識」として世の中に広められ、「将来のためには今すぐに投資を始めるべし」という政府やメディアの論法の根拠になっているというわけです。

どのあたりが嘘なのか、ここで明確にしておきましょう。

①分散投資でリスクは回避できる

分散投資でリスクを回避することができるのは、複数の投資先の相関度が低い場合です。

まず、資金の全額を1つの企業に投じたら、その企業が倒産したときに株は無価値になり、自分の資産が丸ごと失われてしまう。それを避けるために投資先はいくつかに分けること、それも相互に関係のない業界の企業に分散することでリスク回避できるということです。

たとえばA社と、A社から多くの仕事を請け負っているB社は別々の会社ですが、B社はA社の状況にかなり影響されます。もしA社が倒産したら、A社からの仕事が途切れるB社も大損害は免れない。A社への依存度によってはB社も連鎖倒産する可能性があります。

だから分散投資の重要性がいわれているわけですが、実は、**いくら相関度が低い投資先に分散していても無駄になるケースがあります。それはバブルが崩壊したときです。**

バブル発生時には、あらゆる投資商品が値上がりします。株式だけでなく、不動産から原油、穀物、木材、金属、さらには暗号資産も含めて、値段が上がらない投資商品はないと言っていいでしょう。

これがエブリシング・バブルですが、そうなると逆にバブル崩壊時には、あらゆる投資商品が値下がりするというのは想像がつくはずです。その通りで、バブル崩壊時に値段が上がる投資商品はありません。

つまり、そろそろバブル崩壊が近づいているとすれば、「分散投資でリスク回避」は賢い投資法で何でもなく、無意味。もっと言えば、いかに投資先を分散しようとすべての資産が失われる可能性があるため、有害な発想と見るべきなのです。

②長期積み立て投資で利回りは預金を上回る

新ＮＩＳＡを活用して長期積み立て投資をすれば長い目で見た資産形成ができる。そのように言われているのは、株価の推移には強い上昇トレンドがあるからです。短期的には細かい上昇や下落はありはするものの、長期的には「株価は上がっている」

のです。

だから、細かい上昇や下落は気にせず長期的に積み立てれば、何十年後かにお金が必要になったときには、積み立てた総額以上の資産が形成されていることになる。普通預金や定期預金よりも利回りはいいので、こちらのほうがずっと有利である――という話なのですが、果たして、そんなにうまい話があるのか。答えは否です。

まず、シミュレーションをしてみましょう。次のようなルールで投資を行ったとします。

・前月比で株価が上昇した月は株式で運用する
・前月比で株価が下落した月は株式から預金に乗り換えて運用する（ただし預金金利は一律3・8％とする）

1994年から2024年の株価の推移にのっとって推計すると、1994年8月から毎月1000ドルを投資していた場合、2024年8月には210万9614ドルにもなる計算です。

もちろん、月初めに月末の株価は分からないので現実的には不可能なのですが、「株価が割安のときは株を買い、株価が割高のときは株式から預金に切り替えて運用」とすれば、似たようなことは可能です。

投資の専門家だって、このことは分かっていて当然です。

ところが、新ＮＩＳＡによる長期積み立て投資を勧める金融機関や経済評論家は、「毎月、一定額を積み立てれば、株価が割高のときは少なめに株を買い、株価が割安のときは多めに株を買う（すると平均的な取得コストは下がるので顧客メリットに適う）」としています。

先にも述べたように、**株価が割高のときは、株は買わないのが一番です。しかし、そこで顧客が資金を引き揚げて預金にでも回したら、取引手数料で食っている金融機関は商売上がったりなので、あくまでも「顧客は常に株を買う」前提になっているのです。**

現に、最近の株式相場は非常に割高であり、とても株式投資に向いているとは言えない環境でした。

そうであるにもかかわらず、金融機関や経済評論家はあいも変わらず「ＮＩＳＡ」「新ＮＩＳＡ」と騒ぎ立ててきたのです。ＮＩＳＡは投資詐欺を招いていると私が考える理由の1つが、ここにあります。

③国内よりも成長性の高い米国株に投資すべき

米国株は過去数年でも、過去数十年でも、非常によいパフォーマンスを見せています。

そのため、新ＮＩＳＡの投資先でも「全世界株式」と「米国株式」が最も大きなシェアを占めています。全世界株式も米国株が中心になっているので、新ＮＩＳＡに積み立てている資金の大半がアメリカに流れていると言っていいでしょう。

「米国株は好パフォーマンスを続けている」という事実だけを見れば、全世界株式と米国株式は妥当性の高い投資先と思えるかもしれません。しかし、そもそもなぜ、米国株がそれほど好調だったかに目を向けてみると、どうでしょうか。

米国株が好調である一因は「アメリカ市場で大きなバブルが発生していること」です。

「バブル」と聞いたら、本書の読者なら分かるでしょう。

バブルは発生したら必ず崩壊します。そしてバブル崩壊時に値上がりする投資商品はありません。つまり**アメリカ市場で発生しているバブルが米国株好調の理由なのであれば、それも、もはや風前の灯火であると見たほうがいい**のです。

これには歴史的な裏づけもあります。

１９２０年代、アメリカの産業の中心だった自動車と家電製品は世界最強の競争力を持っていましたが、やがて、自動車産業や家電産業には実力をはるかに上回る株価がつくようになりました。

その不自然な歪《ひず》みが臨界点に達したときに起こったのが、１９２９年10月29日、世に「ブラックサーズデイ」と呼ばれる株価暴落でした。

ここ15年ほどの間で起こっている「ＩＴバブル」、それに続いて起こっている「ＥＶ車バブル」、さらに直近でいえば半導体大手のエヌビディアの株価の高騰……アメリ力で発生してきたどのバブルを見ても、私はブラックサーズデイを思い起こさずにはいられません。

④専門家に任せておけば投資は放ったらかしでいい

新NISAの主力商品は投資信託です。投資信託とは、一定額を投資の専門家である金融会社に預けて運用してもらうという、いってみれば「投資の代行サービス」です。

投資信託ならば、投資の素人である自分は何も考えず、何もせず、多少の手数料を差し引いた利益を得られる。プロに任せるためうまくリスクを回避し、安定した利益を確保できることが投資信託の最大の魅力である。

これが、多くの人が認識しているメリットですが、本当は違います。**新NISAにからめ取られた「投資信者」から思考力を奪い、長期的に資金を吸い取り続けるためのカラクリに過ぎない**と私は見ているのです。

複数の投資先を持つことならば、素人でも可能です。それをわざわざ手数料を払ってプロに任せる以上は、自分でやるよりも確実であると誰もが思っているからでしょう。

ところが、ファンドマネージャーが企業分析を行い、積極的に運用にコミットする「アクティブ型」の投資信託の成績が、機械的に運用する「パッシブ型」の成績を上回っているという証拠はどこにもないのです。

その理由は、まず、当然ながら未来のことは誰にもわからないから。これは万人に共通する条件なので仕方ありませんが、さらにもう1つ。投資信託を担う金融機関の社員は、存外に「仕事ができない」ということも大きな理由ではないか、と思います。「仕事ができない」というのは、ちょっと言い方が間違っているかもしれません。というのも、彼らの仕事は「言葉巧みに投資商品を買わせること」であって、この点においては優れている人が多いのでしょう。現に投資信託は「売れている」わけですから。

つまり、**金融機関もその社員も、自分たちの儲けのために世の中の人たちを口車に乗せることを第一目的としており、金融の知識を駆使して顧客利益をかなえること**

は、そもそも彼らにとっては仕事ではないのです。

このように捉えてみれば、彼らが投資で好成績を出さなくても会社で許される理由が分かります。有能なファンドマネージャーであることではなく、有能なセールスマンであることが求められているのですから、当然です。

さて、ここで改めて考えてみてください。そんな人たちに自分の大切なお金を預けて「放ったらかし」にしていいものなのか。答えは、これ以上ないくらい明白でしょう。

⑤株価が下がったときこそ投資のチャンス

この神話には「下がったら、上がる」という前提があります。株価が下がったときに、再び上がる保証があるのなら、たしかに買い時でしょう。

ではもし、下がった株価がもう二度と上がらなかったら？　どんどん下がり続けたら、いったいどうなるでしょう。どの時点で売っても売却益はマイナスとなり、大きな損失となります。そしてこれからは、そのリスクのほうがずっと高いといえるのです。

2024年8月、株価の大暴落が起こりました。私の見立てによれば、これを機に、株価は下り坂に入りました。

エブリシング・バブルは崩壊し、株価は下落し続け、やがて資本主義経済そのものが崩壊していくでしょう。

そんななか、今、投資している人たちのお金は雲散霧消するでしょう。

近々に起こる可能性が高いバブル崩壊時に頼れるのは、現金と預金だけです。すでに投資をしている人は一刻も早く手を引くこと、あるいはこれから投資を始めようとしている人は考えを改め、手を出さないのが一番です。

⑥年金の不足は投資で補う

2010年に6月に金融庁がまとめた報告書に基づく「老後資金2000万円」問題は、多くの人々に衝撃をもって受け止められました。

真面目に年金を納めていれば、自分が受給年齢に達してから、決して贅沢はできないにしても年金で暮らしていける、という未来像が打ち砕かれたからです。年金だけでは心もとないと考え、せっせと貯金していた人でも、この額には驚かされたことでしょう。

それに追い打ちをかけるようで申し訳ないのですが、私は「老後資金2000万円」ですら甘いと考えています。

この低成長率の時代に、将来的な年金給付額が目減りすることを考えると、給与所得がなくなってから30年生きるとして、仮に夫婦ふたりで月に14万円の生活費だと、実に5040万円もの資産が必要という計算になるのです。

気をつけなくてはいけないのは、ここからです。老後資金が2000万円だろうと5040万円だろうと、「年金だけでは不足する分を投資で補おう」などとは、ゆめゆめ考えないことです。

なぜなら、本書でも繰り返しお伝えしているように、これからの時代、投資はリスクでしかないからです。もっといえば、ほぼ確実に資産が失われる悪手と見ても悲観的過ぎることはありません。

将来の生活を守るためには、今のうちに一生懸命働いて貯蓄する。そして将来的には生活費を限りなく減らしていくことです。

NISA、新NISAは虚構。長期積み立ても決して安全ではない

金投資は富裕層限定の資産運用手段

常識 ⬇金は安全な資産で、インフレや経済危機に強い

真実 ⬇日本では、金投資は無意味な選択肢

私の金投資失敗談

個人の生活防衛策として、インフレや経済危機に強いとされる金《ゴールド》投資を検討する人も少なくないでしょう。特に昨今のように先行き不透明な経済状況下では、金の持つ価値保存機能に注目が集まる傾向にあります。

私自身も若いころに金投資に手を出したことがあり、その苦い経験から得た教訓が今も心に深く刻まれています。その失敗談を、ぜひみなさんにも知っておいていただきたいと思います。

1980年に大学を卒業して日本専売公社に入社した私は、驚くべき激務をこなしていました。毎日朝の8時半から深夜2時、3時まで働き続け、1カ月の残業時間が二百数十時間を超えるような生活です。今では考えられない働き方ですが、当時はそれが当たり前でした。

幸いなことに、当時は残業代がしっかりと支払われる時代でした。働いた時間に応じて残業代が出たため、1年目の新人でも月給が手取り33万円にも達しました。この額は現在の貨幣価値に換算すると実に80万円を超える水準です。20代前半としては破格の収入でした。

このように、当時の私は破格の収入があったため、かなりの貯金を築くことができました。しかし、そこで私は致命的な判断ミスを犯します。手持ちの貯金に加えて、よせばいいのに共済組合からさらに借金をして、その資金で金の延べ板を2枚も購入したのです。投資経験も知識もない若者の無謀な判断でした。

ところがその直後、予想もしていなかった金相場の暴落に見舞われます。結婚資金が必要になった私は、やむを得ず安値で延べ板1枚を売却。投資額を大きく下回る金額での売却を強いられました。

その後、皮肉なことに、メキシコの債務危機（1982年）などをきっかけに金相場は急騰します。この機を逃すまいと残りの1枚を売って損失を取り戻そうとしましたが、タイミングを逸してしまい、結局、共済組合からの借金の一部が残ってしまう結果となりました。

たしかに、10年、20年といった長期スパンで見れば、金相場は右肩上がりの傾向にあります。実際、20年以上前に1グラム1000円前後だった金は、2020年には6000円を超え、2025年1月時点では1万5000円前後まで上昇しています。この数字だけを見ると、金投資は魅力的に映るかもしれません。

また、金には株式や債券にない特徴があります。株券や紙幣が紙くずと化すような大規模な経済危機に見舞われても、金それ自体が持つ貴金属としての価値は消失しません。したがって、相場がどれほど下落しても、資産価値が完全にゼロになる心配はないわけです。

しかし、このような利点があっても、私は一般の人々に金投資を勧めることはできません。その理由は、まさに私自身が経験したように、金相場があまりにも読みづらく、一筋縄ではいかないからです。たしかに長期的には上昇傾向にあり、価値が完全にゼロになることはないとはいえ、それでも金投資には重大な問題があるのです。

最大の問題は、そもそも金投資が余裕資金を持つ富裕層向けの投資手段だということです。

まず、相応の資金が必要です。個人の小遣いを切り詰めて少しずつ貯めた程度では、とても本格的な金投資には及びません。私の失敗例が示すように、余裕資金がない状態では、不意の出費を迫られた際に損失を抱えての売却を強いられる可能性が高いのです。相場が高騰するのを待てるだけの経済的余裕がある富裕層でなければ、本来は手を出すべきではありません。

日本で「金」を買うのは愚の骨頂

さらに看過できないのが、金には他の資産に比べて著しく高い盗難リスクがあるということです。金は持ち運び可能で、少量でも高額な価値を持つ財産です。そのため、金の盗難事件は後を絶ちません。

同じく小さくて価値の高い財産である宝石類と比較しても、金の盗難リスクは格段に高いと言えます。なぜなら、宝石は盗んでも加工が難しく換金が容易ではありませんが、金は柔らかくて加工が容易で、スクラップにしても換金できるため、盗難のターゲットとなりやすいのです。

この盗難リスクがいかに深刻かを示す象徴的な例があります。かつてふるさと創生事業で全国の自治体に1億円が配られた際、金を購入した自治体が複数ありましたが、そのうち3つもの自治体で金が盗難に遭うという事態が発生しています。自治体ですらこのありさまです。

このような盗難被害を防ぐには、自宅に高価な耐火金庫を設置したり、銀行の貸金庫を利用したりといった万全の防犯対策が必要になります。これらの対策には相当の手間とコストがかかりますが、一般の人々にとって、そこまですることは現実的ではないでしょう。これが金投資が富裕層向けの資産運用手段であるもう一つの理由です。

強いて金投資が適している層を挙げるとすれば、それは富裕層のなかでも特に、政情不安定な中東諸国などの投資家でしょうか。彼らにとって、「いつでも持ち出して逃げられる」という金の特性は、紙幣や株式以上に重要な安全性を意味しているからです。

政情不安に備えて、確実に現金化できる資産を持っておく必要がある彼らにとっては、相場が多少乱高下しても、金を保有する意義は大きいのです。一方、**日本のような政治的に安定した国では、安全資産としての金の保有にそれほどの意味を見出すことはできません。**

まとめると、金投資には3つの致命的な問題があります。

第一に、相場の乱高下により大きな損失を被るリスクがあること。第二に、他の資産と比べて著しく盗難被害に遭いやすいこと。そして第三に、日本のような政情安定国では、そもそも安全資産として保有する意義が乏しいということです。

このような理由から、私は日本で金を買うことは愚の骨頂だと断言するのです。

金投資は、相場変動と盗難リスクから富裕層以外には有効ではない。現金保持を旨とすべし

生命保険は「とにかく加入」が正解じゃない

常識 ⬇ 生命保険は多く入れば入るほど安心できる

真実 ⬇ 若い時期の加入が賢明だが、過剰な保障は不要

生命保険に加入すべきタイミング

一家の支え手である契約者が突然死亡したときに、遺された家族の生活を保障するのが、生命保険の最も基本的な機能です。

特に、住宅ローンを抱えていたり、子どもの教育費がこれから必要になったりする場合、その保障の重要性は極めて高くなります。そう考えると、**自分がまだ若く、子どもが小さいうちに加入するのが正解ということになるでしょう。ただし、ここで重要なのは、必要な保障額を慎重に見極めることです。**

私も、子どもが成人する前に私が死んだ場合、十分な保障を得られるようにと保険料を払ってきました。

具体的には、住宅ローンの残債や子どもの教育費、さらには家族の当面の生活費なども考慮して保障額を設定しました。60歳までは生命保険に加入しており、後は終身保険の部分が300万円だけ残っていましたが、それも支払い済みになって保険料の支払いはなくなりました。このように、必要な時期に必要な保障を確保し、その後は縮小していくという戦略をとったのです。

子どもが独立している現在、私が死んだときの家族の生活保障は、妻以外には必要なくなりました。300万円あれば自分の葬式代は賄えるので、私個人には、もう生命保険のニーズはなくなっています。これは多くの人に当てはまることで、子どもの独立後は大きな保障は不要になるケースがほとんどです。

「保険のかけ過ぎ」は禁物

ただ、私には家族のほかに、守らなければならない会社があります。私が死んだら、おそらく倒産の危機に瀕するでしょう。そこで、私の死亡時には会社に保険金が支払われるようにしました。これはいわば倒産防止措置です。会社の存続のために経営者が加入する生命保険は、一般の生命保険とは異なる重要な役割を果たすというわけです。

このように法人化している場合などはともかくとして、一般的には、生命保険をかけ過ぎている人が多いように感じます。特に若いサラリーマンのなかには、保険会社の営業担当者に勧められるがままに、必要以上に保障額の高い掛け金の保険に加入している人が少なくないと感じています。「子どもが成人するまで」と考え、若いうちに加入するということ以外にも、自分の生活スタイルや人生設計に合った生命保険かどうかなど、もろもろの視点から見直すことをおすすめします。

具体的には、**現在の収入や支出、将来の教育費やローンの返済計画などを総合的に検討する**必要があります。

また、税制面から生命保険を見ると、まず所得税の節税につながる「生命保険料控除」があることは知っている人も多いと思います。生命保険料控除を利用することで、年間最大40万円の所得控除を受けることができ、これは決して小さくない節税効果です。それに加え、契約者死亡に際しての相続時に、生命保険の非課税枠があることは覚えておいたほうがいいでしょう。この非課税枠を使うことで、相続対策としても生命保険を有効活用できます。

死亡保険金の非課税枠というのは、法定相続人1人につき保険金500万円までは相続税がかからないというものです。たとえば、法定相続人が配偶者と子ども2人の合計3人なら、受けとる保険金が1500万円まで相続税はかからないということです。これは相続税対策として非常に有効な制度であり、相続を考える際には必ず検討すべきポイントとなります。

この点を考慮すると、相続人の数によっては、500万円から1500万円程度の保険を選んだほうがいいという判断も出てくるでしょう。

ただし、これはあくまでも相続税対策としての観点であり、若い時期の生活保障としては、また別の考慮が必要です。大切な家族のためにも、生活保障と税制メリットの両面から、なるべく損をしないよう慎重に検討することが重要です。また、一度加入したら終わりではなく、ライフステージの変化に応じて定期的に見直すことも忘れないでください。

生命保険は、若いうちに必要額で加入し、状況に応じ見直しを行うべし

エブリシング・バブルは間もなく崩壊する

常識⬇バブルは経済成長の証しであり、弾けても必ず再生する

真実⬇次に起こるバブルは崩壊後、二度と再生しない

バブルはどのように生まれるのか

今、実は巨大なバブル経済が発生していると言ったら、驚く人が多いと思います。妄想でも虚言でもありません。しかも、**そのバブルは近々崩壊し、株価は大暴落、そして二度と戻ることはない。長らく私たちの生活の基盤であった資本主義経済が、終焉のときを迎えようとします。**

資本主義経済は、人間の社会をあまねく繁栄させたかのように見えて、一方では、

その恩恵にあずかれない人々を多く生み出し、不幸にしてきました。しかし、それが終わるのも、もう時間の問題と言えるのです。

本章では、過去にもたびたび発生してきたバブルというものの正体と、資本主義経済の限界についてお話ししていきましょう。

日本では1975年以降、格差が拡大してきました。

格差が拡大すると「平均株価上昇」という見せかけの株価上昇が起こりますが、それ以外にも、企業が利益を出しているという実態がないのに株価上昇が起こることはあります。なぜなら資本主義の宿命として、「バブル」が起こるのが常だからです。

「バブル」といえば、日本人なら、おそらく1980年代の空前のバブル期を思い起こすことでしょう。もっと最近の例でいうと、2000年代のアメリカで起こった不動産バブルが頭に浮かんだ人も多いかもしれません。

これらの共通点は何でしょうか。そう、両方とも見事に崩壊しているのです。この2例に限らず、資本主義経済ではバブルの発生と崩壊が繰り返されてきました。バブルの発生と崩壊そのものが資本主義の歴史といってもいいくらいです。

ではバブルとはいったい何なのでしょう。とにかくお金が世の中にあふれていて、みんなが浮足立っている、それくらいのイメージならあるかもしれませんが、実際のところ、どういうことなのか。本質的には「モノの価値」と関係があります。

モノやサービスの値段は、まず基本的には「それを生み出すために割かれた労働の多寡」によって決まります。より手をかけて作られたモノや、労力のかかるサービスほど高くなる。これをマルクスは「労働価値」と呼びました。

ただし、いくら手をかけて作られたモノでも、労力のかかるサービスでも、実際に使えなくては価値がありません。先ほどの「労働価値」に対して、使えることで生じる価値をマルクスは「使用価値」と呼びました。

企業は何かしらの価値を社会に提供することで利益を出しています。つまり従業員に無意味な労働をさせても1円にもならない。そんなことをする企業はありません。従業員を働かせてモノやサービスを生み出すからには、世の中の人たちにそれを使ってもらわなくてはならないので、通常、労働価値は使用価値とイコールになります。

ところが現実を見ると、使用価値が労働価値を上回ることがあります。たとえば、それほど手がかかっていないモノやサービスであっても、それを「欲しい」という人がたくさんいれば値段は高くなります。不当なほどまでに上がることもしばしばです。

このように、**「労働価値＝使用価値」という基本メカニズムを外れて使用価値が上がり、本来あるべき以上の対価が生じている状態、言い換えれば本来あるべき以上のお金がやりとりされている状態が、いわゆる「バブル」**なのです。

では、こうしたバブルを生み出しているのは誰なのでしょうか。

先に述べたように、バブルとは使用価値が労働価値を上回っている状態です。それが将来的に起こると思われるモノがあったら、人はどうするでしょうか。「今、買っておけば、将来的に値段が上がったときに売って差額を儲けられる」と買いに走るでしょう。この思い込みと行動こそがバブルの発生源です。

・まず、魅力的な投資対象が現れ、注目される
↓それを欲しがる人がたくさん出てきて値段が上がる
↓この値段上昇を見ていた人たちが、今後、もっと値段が上がることを見越し、将来

的な利益を求めて我も我もと欲しがり出す
↓さらに値段が上がる

バブルはこうして生じ、いったん生じるとどんどん膨れ上がっていきます。**もはや、そのモノを本当に欲しいかどうかは問題ではなく、将来的な価格上昇により差額を儲けたい人たちの巨大な「投機の輪」が発生する**のです。

「バブルに乗じる人々」に惑わされるな

ただし、バブルは「(将来的に価値が上がるであろう)魅力的な商品を欲しがる人たち」の増大により、自然発生的に起こるとは限りません。

バブルを生み出す主犯格は、資金が流れ込んでくるほどに利益を得る金融仲介業者や詐欺師たちです。しかし本当に着目すべきなのは、さらに裏側で糸を引いている人たちです。それはエコノミストや経済評論家(および、彼らの主張を世の中に届けるメディア)、そして最も大きなものは政府という存在です。

まずエコノミストや経済評論家は、バブルが生じているときほど儲かります。

一見新奇なものが登場し、メディアが「これこそゲームチェンジャー」などと煽《あお》る。するとそこに人々が殺到し、値段が上がります。投資熱の始まりです。過去にこうしてバブルが発生した実例は、世界的にも枚挙にいとまがありません。

そこでエコノミストや経済評論家、つまり「専門家」が「もっと値段が上がる」と言えば、それを聞いた人たちは「今のうちに資金を投じれば、将来、莫大《ばくだい》な利益を得られるかもしれない」と期待し、さらに投資熱は高まります。

そういうエコノミストや経済評論家はメディアで引っ張りだこになり、講演会の依頼なども殺到します。まさしく書き入れ時というわけです。

ただし、**「バブルだ」と言ってしまうと、「いずれ弾ける可能性」をも示唆することになってしまいます。だからバブルが発生していることは認めずに、「まだまだ値段が上がる」と言い続け、世の中の人たちを投資へと煽る**のです。

メディアや講演会に呼ばれるためには、「まだまだ値段は上がる」と話すか、少なくとも否定しないこと。そこで「この先、値段は下がる」などと冷水《ひやみず》を浴びせるようなことを話そうものなら、もう二度と呼ばれません。これは私が実際に体験したことです。

さらに見過ごせないのが政府です。

日本はずっと、貯蓄率の高さでは世界随一である一方、投資をしている人口は非常に少ない国でした。今世紀に入ってから、政府は「貯蓄から投資へ」とのスローガンを掲げ、個々人が資産を増やすことを推奨してきましたが、それでも投資人口は増えなかったのです。

２０２４年の時点でも、家計における金融資産構成の日米比較を見ると、日本人の株式・投資信託の割合は米国の半分以下でした。

株式と投資信託はリスク資産です。バブル期に猛烈に働いて手にしたお金を投資信託に入れておいたら、バブル崩壊とともにほとんどが溶けてしまったという経験をした私には、それが身にしみてわかります。

そして同時に、政府がいくら旗を振っても安易に投資に走らなかった日本人は、それだけ堅実で賢明な国民だったのだと、しみじみ思うのです。

なぜ過去形かというと、そんな手堅い資産運用を考えるまともな国民性も、ついには岸田政権のときに大きく揺るがされることとなったからです。

2022年11月、新しい資本主義会議において岸田政権は「資産所得倍増プラン」を決定。2024年1月には、その実現のために新NISA（少額投資非課税制度）が開始されました。

しかし私にいわせれば、**岸田政権の肝煎り政策とも言える新NISAは、国民の資産所得倍増どころか、今後、国民が投じた資金を溶かしてしまう可能性すらあります。**

なぜかと言えば、投資とはリスク資産を背負うことだからです。投じた資金が配当金や売却益を生むこともあれば、きれいさっぱり消えてしまうこともある。はっきり言って、投資は本質的に競馬などのギャンブルと変わりません。

賃金は一向に上がらず、子育て資金も老後資金も心もとない。そんな大きな不安を抱えている国民を、岸田政権は、新NISAという甘い誘い文句で投資に導きました。石破政権に変わった今も、それは続いています。

本来ならば、国民の経済的な生活不安を取り除くよう、手を尽くさなくてはいけな

いのは政府です。にもかかわらず「投資をして個人資産を増やそう」とは責任転嫁も甚だしい。

その結果として、国民が懸命に働いて得た賃金を、リスク資産である株式を通じて溶かすことにでもなったら、それこそ取り返しのつかないことです。完全に失うリスクがあるという「投資の罠《わな》」を隠し、そこに誘い込もうとしている政府の責任は、もっとも重いというべきでしょう。

「エブリシング・バブル」崩壊のXデー

1980年代のバブル期、大企業に勤める人は、毎晩のように飲み歩き、帰りは郊外の家までタクシーを使っていたといいます。

会社からふんだんに支給されるタクシー券を使用していて、なんとその家族までもが利用可能だったそうです。奥さんたちは何の疑問も抱かず、電車が動いていても、ランチにショッピングにと、タクシー券を使って自家用車のごとくタクシーを乗り回していたのです。

思い出すのも恥ずかしいという人もいるのでしょうが、バブルが発生するのは資本主義の宿命です。歴史上、世界中で、幾度となくバブルは発生してきました。

たとえば、ある人が、ある企業の株式を買ったとしましょう。それが値上がりして儲かると、ほかの人たちも「我も我も」と買いに走ります。すると株価は上昇し、さらに多くの人が参入することで、株価は急激に上がっていきます。

こうして、いわば限られた株の奪い合いによって価格が上がり、実質経済からどんどんかけ離れていく。その企業の本当の価値の反映とは言えないくらい、株の価格だけが上がっていくわけです。

これがバブル経済で起こることですが、現在、発生しているバブルは、今までのバブルのなかでも特に厄介であることは、強く指摘しておきたいところです。

今、起こっているのは株式だけではなく、石油や小麦、あるいは木材など、あらゆる商品が大きく値上がりする「エブリシング・バブル」です。

昨今の物価上昇の原因を円安とウクライナ問題に求める人がいますが、私の見立てはちょっと違います。円安やウクライナ問題が無関係とは言いません。ただ、これらが物価上昇を招いたわけではなく、かねて発生していたエブリシング・バブルに、これらが拍車をかけたというのが本当のところでしょう。

たとえば原油価格です。

ニューヨーク市場の原油価格は、2020年4月に一時下落した後、急激に上昇しました。2022年1月には1バレル88ドルにまで上がり、ロシアによるウクライナ侵攻後、さらに120ドル近くまで上昇しました。

ここからも見てとれるように、もとから生じていた上昇傾向に、ウクライナ侵攻が追い打ちをかけた形なのです。

原油価格が高騰した原因は、実体経済に勝るお金があふれたことにあります。

実はこれと似たようなことが、2008年のリーマン・ショック後にも起こりました。

アメリカの住宅事情が悪化して住宅ローンの返済が危機的状況になり、投資銀行のリーマン・ブラザース・ホールディングスが経営破綻し、連鎖的に世界経済が低迷したというのがリーマン・ショックの概要です。

この事態を打開するために、世界中が金融緩和を実施しました。こうして実体経済に勝るお金が世の中にあふれるようになり、その資金が投機に向かったことで、バブルが発生したのです。

バブルは、この200年で70回も発生しています。発生には崩壊がつきものであり、そのたびに経済は大きな打撃を受けてきました。しかし、その経験が引き継がれ学習されることはありません。人類は反省も後悔もしますが、バブルという資本主義の宿命を変えうるほどの効力はなかったということなのでしょう。

そして現在もまた、性懲りもなくバブルは発生している。それも、あらゆるものが値上がりするエブリシング・バブルであるという点は見過ごせません。

泡が大きいだけに、弾けたときのダメージは甚大になります。まず、株価は大暴落するでしょう。そしてその後、再び上がる日がくるのかというと——私は悲観的にならざるをえないのです。

今、起きているバブルの3つの特徴

前述の通り、資本主義の宿命として、バブルは発生と崩壊を繰り返してきました。それぞれに原因があり、投機の対象も株式だったり不動産だったりとさまざまでした。

しかし、今、起こっているバブルは、過去のどのバブルとも様相が違っているのです。すでに述べたことと重複するところもありますが、次の3点にまとめておきましょう。

①今回のバブルは「エブリシング・バブル」である

投機の対象があらゆるものに広がっています。もちろん、過去のバブルでも波及現象は起きていますが、今回は過去に例を見ないほど対象が広がっています。

②今回のバブルは長引いている

バブルの発生を判定する基準として「ＰＥＲ（株価収益率）」というものがあります。

これは「株価が1株当たりの純利益の何倍になっているか」を示すものです。

ただ、バブルが発生している時期には、企業の利益自体が水増しされる傾向があります。その影響を軽減するために、ノーベル経済学賞を受賞したロバート・シラー米エール大学教授により新たに考案されたのが「シラーPER」という指標です。

このシラーPERが25倍以上になるとバブル発生と見なされるのですが、米国株は100カ月以上も、この状態が続いているのです。

2000年前後に発生したITバブルの長さは79カ月、リーマンショックにつながった不動産バブルと株バブルの長さは52カ月だったことを考えると、100カ月というのは異常な長さです。それだけ崩壊の時期は近いと思われます。

③今回のバブルは「バブルの山」が高い

他方、米国株のシラーPERに目を転じてみると、39倍まで上がっています。

これはITバブルのときの44倍に次ぐ高さであり、弾けたときの反動が思いやられます。山は高ければ高いほど、谷も深くなる。次のバブル崩壊は、およそ誰も経験したことがないほど、とてつもない落差のある大崩壊になる可能性が高いのです。

では、**このバブルはいつ崩壊するのでしょうか。私は、すでにそれが始まっていると思っています。**その理由は2つあります。

まず、アメリカの金融政策です。FRB（連邦準備制度理事会）のパウエル議長は、3年前の会見で利上げペースが落ちる可能性に言及しましたが、同時に利上げの長期化も示唆しました。物価上昇が続いているのですから、当然の見解でしょう。

日本はその影響をまともに受けています。経済回復によるインフレではないので、給与も上がらず、生活のコストだけが上がっているのです。節約のために買い控えが増え景気はさらに悪くなるという悪循環です。

そしてもう1つ考えられるのは、ウクライナ戦争終結です。ロシアの侵略により始まったウクライナ戦争は、今のバブルが長引く一因にもなっています。アメリカは戦争と石油価格の高騰で潤っているので、ウクライナ戦争終結のときには、それが一気に下降するのは目に見えています。

多くの人々が長引く戦争に心を痛めています。戦争が終わること、それ自体は望ましい。しかし経済に限っていえば、戦争が終わることで原油価格は下がり、兵器の需要もなくなります。これにより、アメリカの株式は急速に下がるでしょう。

トランプ大統領は、バイデン前大統領との差別化の意図もあるのでしょう、「ウクライナ戦争を早急に終わらせる」と豪語しています。これがトランプ大統領の口先だけでなく、本当に早々に終結することになれば、バブル崩壊は加速度的に進むと考えられるのです。

投機熱と政府の誘導がバブル崩壊を招く。投資の幻想を捨てた堅実な資産管理が大事

格差は拡大の一途

常識 ⬇経済成長により格差は解消される

真実 ⬇資本の収益率が成長を上回り、格差は拡大する一方となる

日本の格差社会に終わりはないのか

経済が低成長に転じた1975年以降、日本では格差が拡大してきました。

私がこの衝撃的な現実を突きつけられたのは、1982年に日本専売公社から日本経済研究センター（日本経済新聞の外郭団体）に転職し、「賃金と所得分配」のテーマに取り組んでいた最中のことでした。

未来の経済予測をすることはとても難しいのですが、私はこの仕事が楽しくて、残業も厭《いと》わず仕事に没頭していました。そんなあるとき、「賃金センサス」という統計を見ていて大発見をしてしまいました。

賃金センサスというのは、政府が毎年発表する「賃金構造基本統計調査」の結果から、労働者の平均収入をまとめた資料のことです。そこで得た発見とは、高度成長期には少なかった大企業と中小企業の賃金格差が、低成長期になると拡大に向かっているということです。

大企業と中小企業間の格差だけではなく、男女間、産業間、職業間、年齢間、役職間、地域間、学歴間などなど、ありとあらゆる格差が1975年以降に拡大し続けていることが明らかになりました。

もちろん法的には、性別や年齢などにより賃金に差をつけることは禁じられています。

しかし現実を見れば、たとえば男性よりは女性のほうが、やはり賃金は低い傾向にある。

それは言うまでもなく、正社員の女性が妊娠を機に会社をやめ、出産後は非正規雇用で働くしかなくなる、といった事情があるからです。正社員よりはるかに賃金が低いパートや派遣社員の女性が増えるごとに、男女格差は開いてきたわけです。

男女格差を例にとって説明しましたが、先に列挙した通り、世の中にはさまざまな格差があります。そんな現象を見て、「将来、格差社会がやってくる」と予想したのです。

そして実際、それぞれの格差が構造的に拡大してきたのですが、ここでは各論は控え、世の中全体の格差拡大を捉える上で重要な視点を一つ共有しておきましょう。

経済学者のトマ・ピケティは『21世紀の資本』のなかで、資本家と労働者間の格差は縮まることはなく、むしろ広がり続けると指摘しました。

ピケティの試みは、約20カ国もの経済データを、なんと200年に及ぶ長期間にわたり分析するというもので、そこから「r>g」という経済法則を導き出しました。

「r」は資本の収益率（資本家が自分のお金を増やすスピード）、「g」は経済成長率を示しています。「r>g」とは、つまり経済成長率が資本の収益率を超えることはなく、常に資本の収益率のほうが上回るということです。

これが何を示しているかというと、資本家は永遠に潤い続け、経済成長を支える労働者がそこに及ぶことはないという現実です。膨大なデータ分析により、ピケティは、経済格差が止まらない理由をシンプルに解き明かしました。

言い方を変えれば、資本家は世の中が好況だろうと不況だろうと、泳ぎ続けないと死んでしまうマグロがごとく、資金を増やし続けなくてはいけない。そのために何をするかというと、労働者からの収奪です。

要するに、**本来は労働者に分配されるべき付加価値を横取りすることで、資本家たちは資本の収益率を上げている**といえるのです。

資本主義経済「終わりの始まり」

バブルの発生と崩壊を繰り返すことは資本主義経済の宿命であると述べました。

しかし、そんな資本主義経済に終わりが近づいていると私は見ています。バブルの発生と崩壊を繰り返してきた長い歴史が、そろそろ幕を閉じようとしているのです。

実は私なんかよりずっと前、１５０年も昔に、すでに資本主義経済の終焉を予期していた人がいます。マルクスです。その理由は次の4つに集約されるのですが、いずれも今まさに問題になっていることなのです。

①許容できないほどの格差拡大

「世界でもっとも裕福な26人の資産の合計が、経済的に恵まれない38億人（世界人口の半数）の資産合計とほぼ同じ」

２０１９年1月、国際ＮＧＯのオックスファム・インターナショナルが、こんなショッキングな報告書を発表しています。

トップ26人は大半がアメリカ人なのですが、実は日本にも相当数の富裕層が存在します。

フランスのコンサルティング会社、キャップジェミニが出している「世界富裕層レポート」によると、１００万ドル以上の投資可能資産を持つ富裕層が、日本には３６５万人もいるのです。

経済大国としては続々とランキングを落としている日本ですが、３６５万人という富裕層の数はアメリカについで第2位。彼らはもちろん労働ではなく、株式や不動産の譲渡益を収入源としているので、日本は実はかなりの「金融資本主義国」といえます。

そしてピケティが「r>g」の法則で示した通り、資本の収益率は常に経済成長率を上回るため、**持てる者と持たざる者との格差は縮まらないどころか、拡大の一途をたどっている。このままいけば、それが許容範囲を超えることは自明の理であり、資本主義経済終焉の一大要因になる**と考えられるのです。

②地球環境破壊

地球温暖化防止の国際協定であるパリ協定では、今世紀末の気温上昇を産業革命以前と比べて1・5℃以内に抑えるという目標を掲げています。たかが1・5℃と思うなかれ。それほどの気温上昇が起これば地球が壊れてしまうから、この数値目標があるのです。

一方、2024年6月に世界気象機関（WMO）が出した予測では、2024年から

28年の間に、世界の年間平均気温が産業革命前に比べて1・5℃以上高くなる年が80%の確率で存在するといいます。

また、WMOが2024年3月にまとめた報告書によると、23年の世界の年間平均気温は、産業革命前と比べておよそ1・45℃上昇しています。これは過去170年あまりの観測史上最も高く、何としても気温上昇を食い止めなくては地球を守ることができません。

産業革命後の気温上昇が物語っている通り、資本主義経済は、地球を少なからず犠牲にするシステムと言えます。温暖化だけでなく大気や土壌の汚染ともセットです。

これに加えて、世界の富裕層は、スキーをしにマッターホルンへ、ショッピングをしにパリやミラノへ、グルメを楽しむために東京へ、という具合にプライベートジェット機を乗り回している。個人的にも膨大な温室効果ガスをまき散らしています。

地球が壊れるのが先か、資本主義経済が終わるのが先か。もはや事態は、そんなところまで差し迫っていると言っていいでしょう。

③少子化

２０２４年の日本の出生数は、日本総研の推計によると68・5万人で、統計開始後、初めて70万人を切ってしまいました。

子どもの数は確実に減っていて、しかも減少スピードは年々上がっている。他の先進国でも少子化は軒並み進展しており、この問題も、すでに待ったなしの状況になっています。

かつてマルクスは、「資本家は労働者が翌日、再び会社に来て働けるだけの賃金は払うが、労働者が結婚して子どもを育てられるくらいの賃金は払わない、それが少子化の原因である」と看破しました。

これを読んで、「まさに今の日本の状況じゃないか」と思っているのは私だけではないでしょう。子どもを持ちたくてもお金が足りない。子どもを生み育てるには将来の見通しが暗過ぎる。すべて十分な賃金を受けとっていないことから生まれる不安です。

このように、**資本主義経済のもとで活動している企業が、従業員に十分な給料を支払わないということを通じて少子化の進展に加担している。**だとしたら、少子化もまた、資本主義経済の終わりの始まりにつながりうるというわけです。

④「ブルシット・ジョブ」の蔓延

ブルシット・ジョブとは、アメリカの人類学者、デヴィッド・グレーバーが著書『ブルシット・ジョブ――クソどうでもいい仕事の理論』で示した言葉で、**日本語訳では「クソどうでもいい仕事」――つまり、個人の創造力や想像力はまったく必要とせず、誰がやっても変わらない、そんなつまらない仕事**のことです。

たとえばアマゾンの物流センターでは、ハンディ端末に映し出される「次のピッキングまで何秒」という指示に従って、アルバイト従業員がピッキング業務をこなしています。表示された時間内に終えられなかったピッキングはカウントされており、回数が多いアルバイトは現場リーダーに怒られます。想像するだけでゾッとしませんか。

いずれAIロボットにとって代わられる云々《うんぬん》ではなく、そもそも、こんなおもしろみのかけらもない、きついだけの仕事に自ら就きたいと思う人はいないでしょう。しかし、アマゾン物流センターに類似するブルシット・ジョブが、すでに蔓延《まんえん》しているのです。

以上の4つは、要するに資本主義経済が生み出し、増大させてきた社会的弊害です。**これらを放置すれば、やがて人間社会が壊れてしまう。そうなるより先に、資本主義経済のほうが終わる可能性は決して低くはない**でしょう。

資本主義は格差を拡大し続ける。富の偏在を見極め、依存せずに生きる道を探ろう

第3章

新しい増税地獄を生き抜け

消費税率引上げは国民を欺く政策

常識 ⬇国債発行は危険で、増税は財政のために必要

真実 ⬇国債発行は問題なく、消費税は過剰な徴収

なぜ、不必要な増税が繰り返されてきたのか

日本は現在、多額の国債を発行しています。

国債が発行されなければ政府が使えるお金は減り、不景気になります。国債はいわば「借金」なので、いずれ国は返済しなくてはいけません。その財源になるのは税金です。将来の納税者の税金が現在の国債の返済に充てられるというわけです。

この国債に対して「子ども世代に借金を負わせるのか」と猛批判する人がいます。

しかし税収が足りないからといって、必要な予算を削るわけにはいきません。では予

算を減らさずに国債もなし、となったらどうすればいいのか。打つ手は増税だけです。

なかでも消費税は、最も国民の間で抵抗感の少ない税金とされています。

たとえば家計簿をつけるときに、消費税を分けて記入する人はいないでしょう。給料から自動的に天引きされる税金と似たようなもので、モノを買うときに自動的に徴収される消費税は、あまり意識に上らない。政府が消費税を上げようとしているのはそのためです。

もちろん、車や家電など額の大きな買い物であれば、それだけ消費税の額も多くなるので、否が応でも意識します。だから消費税増税前には、決まって、特に額の大きなものに駆け込み需要が起こります。

しかしもっと日常的で少額の消費、たとえば1本200円の大根が210円から216円になろうと、大して気に留めない人が大半でしょう。そこが国民にとっては盲点であり、政府内の増税派にとっては恰好のつけ入る隙なのです。

数円、数十円単位であっても税徴収は税徴収です。その他の税金や社会保険料を納めた残りを消費に使うとして、そこで生じる消費税が上がれば、手元に残るお金は確実に減ります。そのことをもっと自覚するべきです。

消費税が上がることは、すなわち物価が上がること、そして実質賃金が下がることを意味する。そこに思い至らない国民のリテラシーの低さにつけ入るかのように、政府はじわじわと消費税を上げてきました。

多少、情報感度のいい人だったら、ここで「ヨーロッパと比較して日本の消費税は低いはず」と思ったかもしれません。たしかに税率だけを見ればヨーロッパのほうが高い場合が多いのですが、ヨーロッパでは税金が高い分、国民への還元も多いのです。

たとえば、福祉国家とされているスウェーデンでは、教育費は大学まで無料、老後の生活も保証されています。ところが日本は、教育費の政府負担率がOECD加盟国のうち36カ国で34位、学校教育にほとんどお金を出していないことがわかります。年金もしかりで、他国と比べるとはるかに低いのです。

ちなみにアメリカの場合、州政府に課税権限がある「小売売上税」が日本の消費税に似ています。税率は州ごとに異なり、なかにはアラスカ州、デラウェア州、オレゴン州など、小売売上税を徴収していない州もあります。

一方、日本では、先ほども述べたように、実質賃金が下がれば消費意欲も減退するという悪循環が生じるにもかかわらず、政府は消費税をさらに上げようとしています。

国債発行額が増えること自体は「悪」じゃない

その理由は、「財政均衡主義」にあります。**財政均衡主義とは、予算の支出と収入が一致すべきであるという考え方です。公債発行による赤字の埋め合わせを悪とするもので、**19世紀の財政学者の基本的な考え方でした。

この考え方に基づいて、政府は借入や返済を差し引いた収入と支出のバランス（プライマリーバランス）を黒字にしようとしてきました。

そのため、財務省や多くの経済学者は、「国の借金が増えると円が下落して国債が売られ、ハイパーインフレ（超物価高）に陥る」と主張してきました。マスコミも、具体的な金額を挙げては国民の不安を煽ってきました。

実際、安倍政権の2020年度、プライマリーバランスは対象経費80兆円、国債発行は153兆円という想像もつかない金額だったことは事実です。では、それにより、日本経済に重大な事態が生じたでしょうか。国債の価格や為替に何らかの悪影響を与えたでしょうか。

実は何も起きなかったのです。

それから5年ほどで物価は上がり、今はインフレ状態になっています。ただし、その原因は財政が均衡していないことではなく、世界的に物資の供給量が減ったことや続発する戦争によって、エネルギーや食糧の価格が上昇したことにあるのです。

国債発行額が増えること自体は、実は悪ではありません。「借金」と聞くと悪いものというイメージがつきまといますが、それも政府やメディアが国民の不安を煽り、「増税になっても仕方がない」と思わせるために、わざわざ使っている言葉なのかもしれない。こういう冷静な批判力があれば、もう無用に惑わされることはないでしょう。

国債発行額が増えること自体は「悪」ではない。国民を煽る政府に惑わされない批判力を持とう

金持ちほど税負担が軽くなるという矛盾

常識⬇所得が多いほど税負担率は高くなる
真実⬇富裕層は不労所得で税負担を抑える

年収1億円を超えると、税負担が激減するカラクリ

かつて、「1億総中流」といわれていた日本ですが、空前のバブル経済、バブル崩壊後の「失われた20年」を経て、今では「格差拡大社会」が深刻化しています。

そんな今日の社会状況を、私は以前から予想していたわけですが、現実に起こったことは、その予想をはるかに超えて苛烈なものでした。

当時、私は「終身雇用」「年功序列」など、日本独特の体制に守られてきた正社員が契約社員やパート従業員にとって代わられる、あるいは自分も非正社員になってしま

う と予想していました。

ところが、今起きているのは、こうした「転落現象」だけではなく、「上昇現象」なのです。つまり**「転落する人」がいるのと同時に、「上昇する人」もいる。その結果として、かつて私が予想していた以上に格差が広がっている**ということです。

ここで再び引き合いに出したいのが、フランスのコンサルティング会社、キャップジェミニが「ワールド・ウェルス・レポート」で報告した「超富裕層は世界で1800万人」という数字です。これを国別のランキングにすると、どうなると思いますか。「1位はアメリカ、2位は中国。日本は格差が少ないはずだから、上位だとしても5位に入るくらいかな」なんて想像したのなら、とんでもない思い違いです。1位はもちろんアメリカですが、2位はなんと日本です。

こうした富裕層に属する人々はどういう人たちなのか。私が思うに、コツコツと働いて収入を得てきた人ではありません。サラリーマンの生涯収入は約2億円で、そのほとんどが生活費に費やされるのですから、多額の投資資産など持てるはずがないでしょう。

富裕層にいるのは、働いた対価を受けとることではなく、いわば「お金を右から左へ動かす」ことで稼いできた人たちです。もっといえばインサイダー取引で荒稼ぎしているのではないか、とさえ私は疑っています。

それに富裕層は税制面でも、実は優遇されていると見るべきです。意外に思われたでしょうが、次の説明を読めば納得するでしょう。

日本の所得税は累進課税ですから、課税所得が多ければ多いほど税率が高くなり、より高い税金を課せられます。

たとえば課税所得が1億円ならば45％の所得税。ところが２０２１年に立憲民主党が国会に提出した資料によれば、年間所得が1億円を超えると、逆に税負担率が下がっていきます。言い換えれば、税負担が庶民に偏っているのです。

この不思議を解き明かすのは簡単です。

なぜ所得1億円を超えるような超・富裕層は、所得税負担率が低いのか。それは、彼らの収入のほとんどが株や不動産による不労所得だからです。つまり「働いていない」から、所得税が低く抑えられているのです。

図1　所得1億円で税負担率が下がる

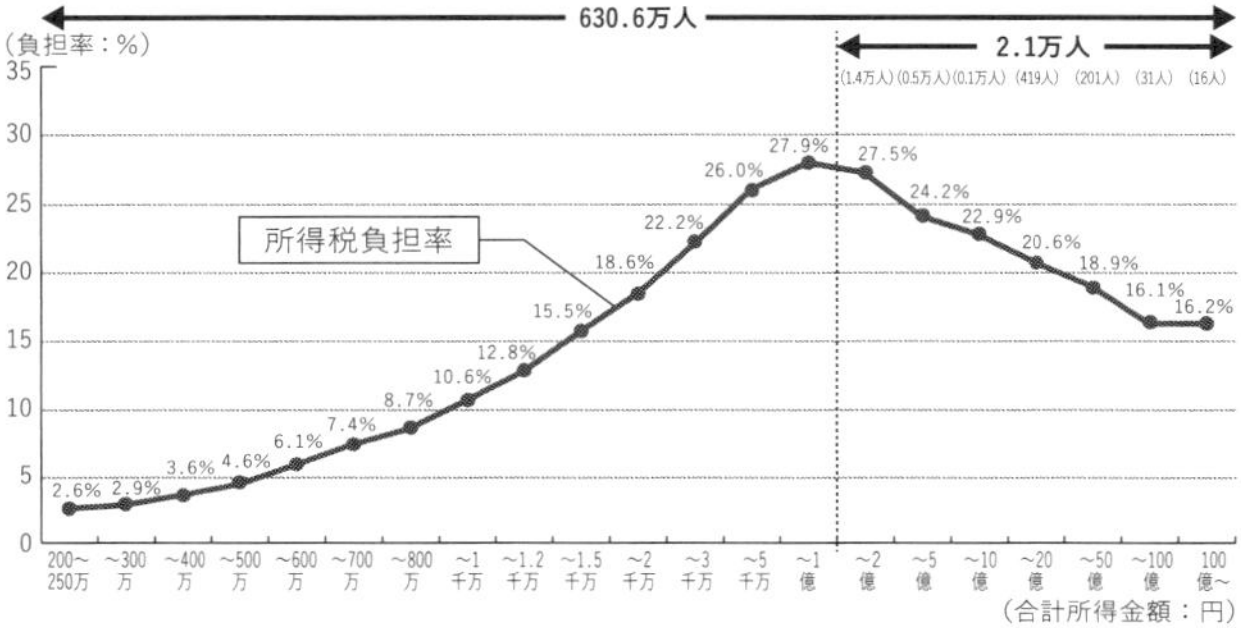

（注）所得金額があっても申告納税額のない者（たとえば還付申告書を提出した者）は含まれていない。
また、源泉分離課税の所得や申告不要を選択した所得も含まれていない。

出典：令和元年分の国税庁「申告所得税標本調査（税務統計から見た申告所得税の実態）」を基にSBクリエイティブ株式会社が作成

もちろん、何であれ所得があれば、所得税（および所得に応じてかけられる住民税）の対象になります。株式投資の配当金や売却益、不動産所得も例外ではありません。

ただし、株式投資の配当金や売却益にかかる税率は定額（所得税15％＋住民税5％＝20％に復興特別所得税0・315％を加えた額）で、給与所得のような累進性はありません。いくら稼いでも、同じ税率で済むということです。

また、会社員の所得は、ほぼ100％明らかにされますが、たいていの富裕層には、いうなれば「法律に引っかからない所得隠し」の抜け道があります。

彼らのほとんどが自分の会社を持っており、「経費」という魔法の言葉で、本来の所得より低く見せることはたやすいのです。収入から諸経費を引いた所得が課税対象になるので、経費をたくさん計上するほどに課税対象の所得を圧縮することができます。

実際、家族や友人との食事代は「接待費」、旅行は「出張費」などなど、何でもかんでも会社の経費として計上するのは、彼らの間では至極当然のことです。

さらに富裕層は、所得税のみならず、「仕入れ控除」により会社の消費税すら払っていない可能性が高い。富裕層は使い切れないほどのお金を得ているにもかかわらず、このように節税にも抜け目がないのです。

以上が、税負担率は累進的に高くなる一方、年収が1億円を超えると税負担率が下がっていくというカラクリです。日本は金持ち優遇を地で行く国なのです。

まだまだある「金持ち優遇策」

富裕層と庶民との間に生じている不平等は、各種保険料にも及んでいます。社会保険料にも累進制はありますが、上限が定められているからです。

たとえば厚生年金の標準報酬月額の上限は65万円で、仮に給与が65万円の人も100万円の人も、支払う保険料の額は同じ約11万9000円。健康保険の標準報酬月額の上限は139万円で、仮に給与が139万円の人も500万円の人も、支払う保険料は同じ約15万9850円です（いずれも労使折半）。

しかも、**不労所得が多い富裕層の多くが加入している国民年金は累進制ではなく、所得が500万円だろうと2億円だろうと、一律1万6980円**なのです。

これだけでも明らかな不平等なのに、さらに退職金にも金持ち優遇が潜んでいます。

まず、退職金も所得税の対象であり、次の3つのうち、どの対象になるのかを計算する必要があります。

①退職所得控除——勤続20年未満の場合など、40万円×勤続年数で80万円に満たないときは80万円。20年以上の場合、800万円＋70万円×（勤続年数マイナス20年）が控除される。

②2分の1軽課——退職金が所得控除額を超えた場合の軽減策で、越えた分の2分の

1にのみ課税される。
③分離課税――給与所得は給与以外の所得と合算して計算されるが、退職金は分離して計算する。

なぜ、ここに金持ち優遇が潜んでいるといえるのでしょうか。

中央労働委員会の2021年の調査によると、大企業を定年退職をした場合の退職金の平均支給額は、大卒で2230万円、高卒で2018万円です。勤続40年と仮定すると、まず①退職所得控除は2200万円、したがって、高卒者は②2分の1軽課の対象にはなりません。

では、②の対象となるのは、どんな人なのでしょうか。

仮に勤続40年で5000万円の退職金を受けとったとすると、まず①の控除額は2200万円。となると退職金が退職所得控除額を超えるので②の対象となり、超えた2800万円の2分の1の1400万円のみが課税対象となります。つまり2200万円＋1400万円で、実質的な控除額は3600万円になるのです。

もちろん納める税金の額は所得金5000万円の人のほうが多くなりますが、私が指摘したいのは、**退職金が多いほど課税所得が圧縮される仕組みがある**ということなのです。

なお、③分離課税は所得が高いほどお得感が強いため、それほど所得が高くない人にはあまり関係ありません。

さらに問題なのが、最近、政府が検討している見直し案です。

①の圧縮か廃止が検討されている一方、②③は俎上《そじょう》にすら上がってないのです。要するに、相当な額の退職金を受けとる人だけが対象となる②③は丸々温存されようとしている。これだけ見ても、日本の税制の歪《ひず》みが分かるというものです。

前項の内容と合わせると、**税金や保険料の負担率は、年収500万円の人は30%である一方、年収100億円の人は23%**。こんな理不尽な逆転現象によって、格差はますます広がるばかりというわけです。

私は、岸田政権が掲げた「新しい資本主義」、そのもとで打ち出された「金融所得課税強化」のアイデアには大賛成でした。「分配なくして次の成長なし」というキャッチフレーズにも共鳴しました。金持ち優遇一辺倒だった税制にやっと一石を投じる人が現れてくれた。そんな感激すら覚えていたのですが、ほんの束の間のことでした。

岸田政権の当初の理念や政策案は、投資家の猛烈な反発を買いました。現に、投資家向けの番組を放送している日経ＣＮＢＣの調査では、岸田内閣の支持率はわずか3%。実に96%が不支持を表明するという事態になりました。

こうした状況に危機感を抱いた岸田政権は金融所得課税強化政策を撤回、「みんなが投資で儲けましょう」という方向へとシフトしてしまったのです。

その結果、打ち出されたのがＮＩＳＡ（小額投資非課税）の大幅拡充策である「新ＮＩＳＡ」です。岸田政権は、あろうことか当初の「金融所得課税強化」とは真逆の政策に転換してしまった。私が心底、がっかりしたのは言うまでもありません。

日本の社会保障制度はすでに終わっている

なお、近年では、会社員でも個人で確定申告をする人が徐々に増加しているようですが、大多数は依然として会社任せの年末調整だけという状態が続いています。自分

図2　国民負担率の推移

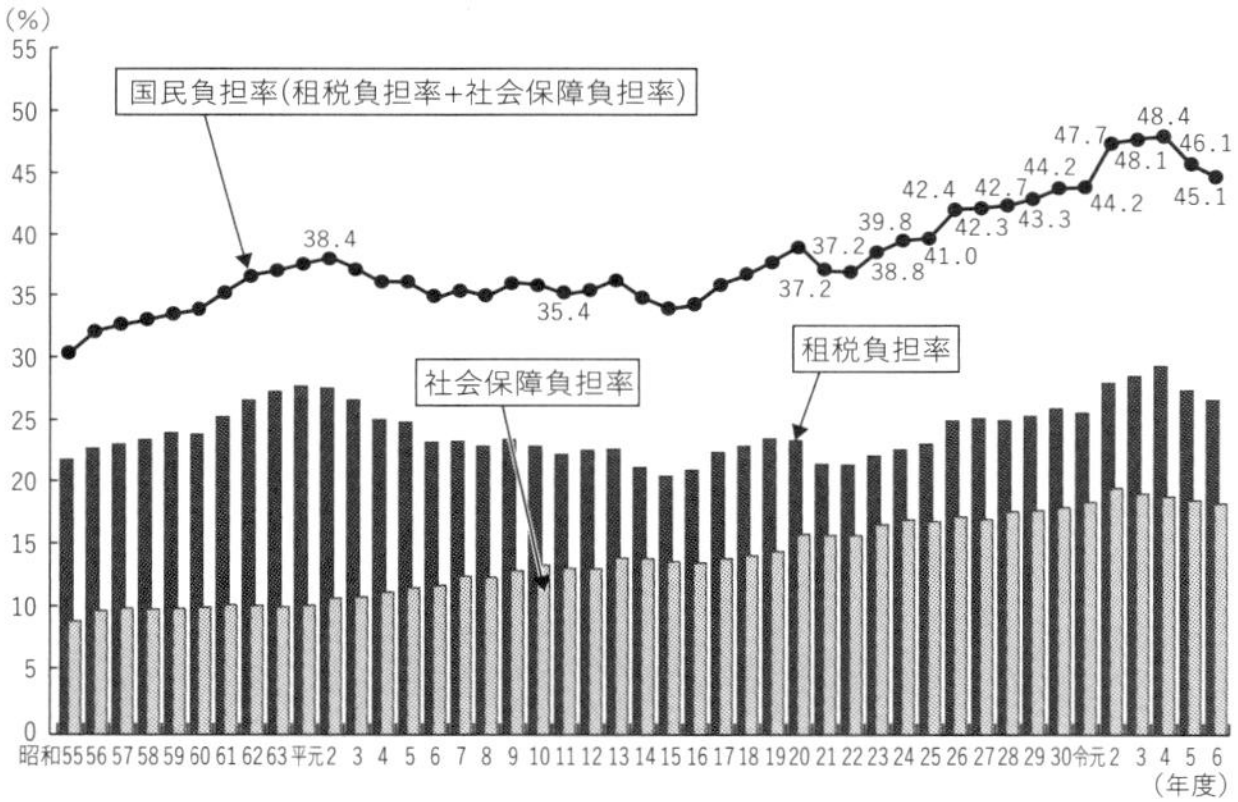

出典：財務省ホームページを基にSBクリエイティブ株式会社が作成

の収入から差し引かれる税金や社会保険料について、具体的な仕組みや金額を把握している人は驚くほど少ないのが実情です。税制や社会保障制度に関心を持って自ら調べない限り、自身の納付額すら正確には把握できていない人がほとんどでしょう。

なぜそうなっているのか。会社員の場合、税金や社会保険料は毎月の給与から自動的に天引きされる仕組みになっているからです。自分で計算して自分の手で納付するわけではないため、給与明細を見ても天引き後の手取り金額にしか目が向かない。そうした意識が定着してしまうのも、ある意味では自然な流れかもしれません。

しかし、こうした「お任せ体質」を続けていられない深刻な事態が静かに進行しています。**国民一人一人が負担する税金や社会保険料の割合を示す「国民負担率」が、年々上昇を続けているのです。この上昇は一時的な現象ではなく、明確なトレンドを示しています。**

国民負担率とは、個人の所得に占める税金と社会保険料を合わせた負担の割合のことです。この推移を具体的に理解するために、約半世紀前の1970年度と直近の2021年度を比較してみましょう。数字が物語る変化は、驚くべきものです。

・1970年度の国民負担率：租税負担率18・9％＋社会保障負担率5・4％＝24・3％
・2021年度の国民負担率：租税負担率28・9％＋社会保障負担率19・3％＝48・1％

この数字を見て愕然とする人も多いのではないでしょうか。1970年度でさえ、所得の約4分の1を税金と社会保険料で納めていた事実に驚かされます。しかし、それ以上に衝撃的なのは現在の数字です。**今や私たちは所得のほぼ半分を税金と社会保険料として納めている**のです。この事実を知って怒りを覚えないほうがおかしいと言えるでしょう。

では、なぜここまで負担が増えたのでしょうか。最大の転換点となったのは1989年の消費税導入です。これに加えて、2013年1月からは東日本大震災の復興財源として、所得税に2・1％の復興特別所得税が上乗せされることになりました。さらに、12年に給与所得控除に上限が設定され、専業主婦への配慮措置だった配偶者控除も縮小されるなど、実質的な増税策が次々と導入されてきました。

各種社会保険制度の状況は、税金以上に深刻な様相を呈しています。制度改革の名のもとに、私たちの負担は年々重くなる一方なのです。

まず医療保険制度を見てみましょう。サラリーマンが加入する健康保険の保険料率は、08年には収入の8・3％だったものが12年からは10・0％へと大幅に引き上げられました。特に深刻なのは高齢者医療です。75歳以上の高齢者は08年の後期高齢者医療制度の導入後、それまで加入していた健保組合などから離脱して新たに後期高齢者医療保険に加入することになりました。24年の保険料は月額平均7082円で、年金暮らしの高齢者にとって、この負担は決して小さくありません。

後期高齢者の負担は保険料だけではありません。医療機関での窓口負担も大きく変更されました。1983年の老人保健法では月額400円の定額制でしたが、現在は所得に応じて1割から3割の負担が求められています。この変更により、病院にかかることの多い高齢者の経済的負担は著しく増大しています。

年金制度の状況はさらに厳しさを増しています。厚生年金の保険料率は、1989年には収入の12・4％だったのが、現在は18・3％へと上昇。国民年金の保険料も月額7700円から1万6980円へと、実に倍以上の増額となりました。加えて、満額の厚生年金を受けとれる支給開始年齢も60歳から65歳へと引き上げられています。

確かに、満額納付した場合の国民年金支給額は5万2200円から6万8000円へと増額されています。しかし、この数字に惑わされてはいけません。この増額は物価上昇に対応した名目上のものに過ぎず、実質的な給付水準の向上とは言えないのです。むしろ、実質的な年金支給額は年々目減りしている状況です。

さらに、2000年4月からは介護保険制度が新設され、新たな負担が加わりました。40歳以上の現役世代は平均6276円を介護保険料として納めることになり、それまで保険料負担のなかった高齢者も、平均して月額6014円を支払わなければならなくなりました。特に年金生活者にとって、この新たな負担の重みは想像以上に大きいものとなっています。

福祉サービスの分野でも負担増は続いています。たとえば、以前は無料だった障害福祉サービスにも、現在では1割の自己負担が導入されました。これは、福祉サービスを必要とする人々にとって大きな経済的ハードルとなっています。

こうした一連の変化から、私たちは何を読みとるべきでしょうか。結論は明確です。日本の社会保障制度は、国民の支払い負担を増加させる一方で、給付は据え置きあるいは実質的な削減を続けています。つまり、**「負担は増える一方、受けとれる給付は減る一方」という、本来あるべき社会保障の姿とは正反対の方向に進んでいる**のです。

私たちが直視しなければならないのは、日本の社会保障制度が、すでに機能不全に陥りつつあるという現実です。制度の持続可能性を理由に負担増と給付削減が繰り返されるなかで、私たちは今、社会保障制度の終焉を目の当たりにしているのかもしれません。

社会保障の負担は増える一方、受けとる給付は減る一方という厳しい現実を認識しよう

改悪される年金制度

常識➡年金は積み立てた分が戻ってくる
真実➡年金は戻らない税金と同じ性質

年金は積み立て方式から賦課方式に

社会保険料に関しては、「確定申告の際に控除されるから税金とは質が違う」という意見もあるかもしれません。しかし、**私にいわせれば、違いはそこだけであって、ほかは税金と何ら変わるところはありません。**

たとえば、年金です。公的年金制度には、積み立て式と賦課方式の2つの方式があります。

積み立て方式の場合、高齢者に給付される年金の財源は、自身が現役時代に支払ってきた保険料です。賦課方式の場合は、現在の現役世代が支払っている保険料が財源になります。

積み立て方式は、現役時代に支払いを怠っていたら受けとれないので、ある意味、本人の選択に任されている部分があります。きちんと納めてきたのなら受けとれるし、納めてこなかったのなら受けとれないという自己責任論です。

政府も「年金は積み立て方式であり、税金とは違って支払った分はそのうち戻ってくる。だから払ったほうが自分のため」と言ってきました。ところが2004年、このロジックが崩れ去る出来事がありました。

原因は、政府が導入したマクロ経済スライドです。これは、そのときの賃金や物価の上昇・下降の率に合わせて、年金の給付水準を自動的に調整する仕組みのことをいいます。

積み立てたものが支給されるのではなく、現役世代が納めた保険金が給付に充てられることになったわけです。以来、政府は、強制的に保険料の支払いを求め始めました。保険料の徴収人が自宅までやって来て驚いたと言っている知人もいます。

年金は、このようなかたちで積み立て方式から賦課方式へと次第に変わってしまいました。

「今の現役世代が払っている保険料」は「今の高齢者に給付される年金」に充てられ、今の現役世代が年金受給年齢に達したら、そのころの現役世代が払う保険料が財源となる、という具合です。

つまり、**自分が現役時代に払った保険料は、すでに当時の高齢者に給付されてしまっているため、自分が受給年齢になっても戻ってこない**ということです。その意味で、今の年金保険料は、払ったら最後で、戻ってくることはない税金と変わらないのです。

「在職老齢年金」という落とし穴

このような、年金の理不尽さは、在職老齢年金制度という制度にもはっきりと表れています。

在職老齢年金制度とは、60歳を超えてからも働いている高齢者に支給される年金

に、収入額によって給付制限をする制度です。年金月額と給料の合計が50万円以上（24年改正）になると、超えた額の半分が削除されます。

実は私も、この制度の対象になりました。年金受給年齢の65歳になったときに、役所から年金の手続きをするよう通達がありました。しかし手続きをしても、結局、年金を受けとることはできなかったのです。

その理由は、私がフルタイムで働いていたことです。２００６年から獨協大学で教鞭をとっていたため、在職老齢年金制度に引っかかってしまいました。しかも、この場合において、70歳からの支給を選択すれば年金が増額されるという制度は適用されません。

こんな巨大な落とし穴まであるのですから、日本の社会保険制度は、やはり終わっているとしか言いようがありません。

おまけに、すでに見てきたように税制は富裕層に手厚く設計されており、庶民にとってはじわじわと痛手となる消費税は度々増税されています。いかがでしょう。今や税金と変わらない社会保険料をも含む「増税地獄」の実態が、これではっきりと見えたはずです。

年金は、実質的に課税システムと化している。
年金に依存しない老後の資金計画を

最強の資産防衛策「住民税非課税世帯」

常識 ⬇収入は多いほど生活が豊かになる

真実 ⬇低所得でこそ税制の恩恵を受けられる

「住民税非課税世帯」を目指そう

税制も社会保険制度も、その根本的な仕組みを見てみると、富裕層に対して数々の優遇措置が設けられている一方で、私たち一般的な国民の負担は年々増加の一途をたどっています。前項で詳しく見てきたように、税負担率は所得が増えるほど下がるという逆進性すら生じており、この状況は今後もさらに深刻化することが予想されます。そうした状況下において、私たちに残された現実的な生存戦略は、徹底的に生活コストを抑制しつつ、できるだけお金のかからない暮らし方を確立していくことです。

ただし、現役世代のみなさんに対して、今すぐに生活水準を引き下げ、極端な節約生活を始めることを提案しているわけではありません。そうではなく、**将来的な生活コスト削減を見据えて、できるところから少しずつ、計画的に支出を見直していくことをおすすめしています。**今からそうした意識を持ち、実践しておくことで、将来の急激な生活変化にも柔軟に対応できるようになるはずです。

なぜなら、現役を引退してからは、それまでのような生活水準を維持できる保証は何一つないからです。むしろ、年金支給額の実質的な目減りや物価上昇を考えれば、現在と同じような生活ができる可能性は極めて低いと考えておくべきでしょう。そうした現実を直視した上で、できる限り支出を抑制する生活習慣を身に付けていくことが重要です。このような意識的な取り組みを続けていけば、最終的には収入が大きく減少しても十分に生活していける体質が自然と備わってきます。

現代社会では、多くの人々が高収入を得るために心身ともに疲弊するまで働き続けています。しかし、そうした収入依存から脱却し、「たとえ収入が少なくても十分に生きていける」という状態を実現できれば、それは現代を生き抜くための大きな強みとなります。経済的な豊かさではなく、精神的な豊かさを重視した生き方へと転換できるのです。

そして、**こうした生活態度を徹底させた先に見えてくる究極の目標があります。それは、所得に応じて課される住民税がゼロとなる世帯、すなわち住民税非課税世帯になることです。**具体的には、正規の仕事を持たず、必要最小限の貯蓄と年金収入だけで生活を営む世帯を目指すということです。一見すると後ろ向きに思えるかもしれませんが、これこそが現代の税制や社会保険制度から自由になるための、最も賢明な選択肢なのです。

支援制度が前提の生活設計という道もある

考えてみれば、所得税は所得があるから課せられものであって、その他の税金や社会保険料も所得に応じて算出されるものがほとんどです。したがって、そもそも所得が限りなく低い場合は、増加し続ける国民負担率のトラップにとらわれずに済むわけです。

所得がなくても暮らせるように生活コストを下げ、実際、所得をゼロに等しくしていくのは、今まで容赦なく国民負担率を上げてきた政府へのカウンターパンチです。

これこそ最強の生存戦略といってもいいでしょう。

「無職の年金生活者」と聞くと、現在の感覚ではひもじいイメージしか浮かばないかもしれません。でも、都会に住み続けるために老体に鞭打ってブルシット・ジョブに従事することを想像すれば、住民税非課税世帯もそれほど悪くないと思えてくるはずです。

悪くないどころか、心身ともに満たされた豊かな生活が待っています。しかも、住民税非課税世帯は、行政的には「収入がなくて税金が払えない困窮世帯」ですから、さまざまなセーフティネットの対象になるのです。

過去10年ほどから、いくつか例を挙げておきます。

・2014年、消費税引き上げ時——住民税非課税世帯に、1万円の臨時福祉給付金が給付された

・2019年、消費税引き上げ時——プレミアム付商品券が販売されたが、最大2万5000円の買い物ができる2万円の商品券を買えたのは子育て世帯と住民税非課税世帯だけ
・2020年、コロナ禍——住民税非課税世帯は「緊急小口資金等の特例貸付」の返済を免除された
・2022年、物価高騰対策——住民税非課税世帯に5万円が給付された
・2024年、定額減税実施時——定額減税の対象とならない住民税非課税世帯に、2023年に給付された3万円に加えて7万円、合計10万円が給付された

年金収入には公的年金控除が適用されます。つまり、現役世代よりも課税所得を圧縮しやすいため、年金受給年齢以降、住民税非課税世帯になれるチャンスは大きくなります。

各種控除（給与控除など）を考え合わせれば、おおよそ月給5万円くらいまでならば、給与所得があっても住民税非課税になれるでしょう。お金のためではなく、やはり少

しでも会社で働き続けたいという人も、それを諦めることなく、「住民税ゼロ」を実現することができるのです。

低コスト生活で住民税非課税を目指そう。支援制度が前提の生活設計という道もある

第4章

「常識」は正解じゃない

年収300万円でも豊かに暮らせる

常識 ⬇お金がたくさんあるほど人生は豊かになる
真実 ⬇年収300万円で十分な生活水準で暮らせる

お金があっても幸せになれるわけじゃない

「お金はあるに越したことはない」「お金はあればあるほどよい」。これが現代社会における一般的な認識であり、多くの人々が共有している価値観だと思います。しかし、私の長年の経験と実感から言わせていただくと、このような考え方は根本的な誤りを含んでいます。お金と幸せの関係は、私たちが思い込んでいるほど単純なものではないのです。

なぜ、これほど多くの人々がお金の獲得に執着するのでしょうか。その理由は明確です。お金があれば豊かに暮らせる、幸せになれると信じているからです。しかし、これは現代社会が生み出した大きな錯覚に過ぎません。本当の豊かさや幸せは、実はお金では決して買うことのできないものなのです。むしろ、お金を追い求めることで、本当の幸せから遠ざかってしまう可能性すらあります。

たしかに、物質的な豊かさに関して言えば、ある程度までならお金で手に入れることは可能です。快適な生活を送るための家電製品や、便利な移動手段としての自動車など、私たちの生活を便利で快適にするものは、たしかにお金で購入することができます。しかし、それらが本当の意味での豊かさや幸せにつながっているかというと、大いに疑問が残ります。その理由は、物質的な豊かさには際限がないという本質にあります。

たとえば高級車を手に入れても、すぐにもっといい車が欲しくなる。億ションを購入しても、もっと条件のいい物件が目に入る。豪華な世界一周旅行を終えても、また新たな旅行先が気になり始める。このように、お金で買えるものには際限がなく、常に「もっと」という欲望が生まれ続けます。そして、その欲望を追い求めている限り、私たちの心は決して満たされることがないのです。

どれだけの富を持っていたとしても、この世の中のすべてを買い尽くすことは不可能です。物質的な豊かさばかりを追い求めていては、永遠に心の満足を得ることはできず、本当の意味での幸せには到達できないでしょう。

お金では得られない「本当の豊かさ」

では、お金に頼らずとも得られる豊かさは存在するのでしょうか。

私は、それは間違いなく存在すると確信しています。現に私自身、決して裕福とは言えない生活を送りながらも、十分な豊かさと幸せを実感しています。もちろん、最低限の生活を営むためにはある程度のお金は必要です。しかし、だからといって大金持ちになる必要はまったくないのです。

具体的な数字で申し上げれば、独身者であれば年収300万円程度、4人家族であっても500万円程度の収入があれば、十分に豊かな生活を送ることができるでしょう。

たしかに、世界中を旅して回るような贅沢な趣味は難しいかもしれません。しかし、野草の図鑑を片手に近所の公園へと散歩に出かけて、季節の草花を観察しながらその名前を覚えていく……そんな素朴な営みの中にこそ、お金では買えない豊かさと喜びが存在するのではないかと私は思います。

このような主張に対して、「年収３００万円では豊かな生活など送れるはずがない」「公園での散歩程度で満足できるわけがない」と反論する方もいらっしゃるでしょう。そこで、３００万円という収入で実際にどのような生活が可能なのか、具体的なデータをもとに検証してみたいと思います。

総務省統計局が実施している「全国消費実態調査」の内容を元にお話ししていきましょう。これは、やや古いデータではありますが、現在でもその傾向にそれほど大きな変化はないと考えられます。

この調査によると、年収３００万円から３５０万円のふたり以上世帯における主要な消費財の普及率は、「電子レンジ＝約92％」「冷蔵庫・洗濯機・テレビ＝ほとんど１００％」「エアコン＝約80％」「車＝約71％」となっています。つまり、現代生活に必要な家電製品や移動手段は、ほとんどの世帯で十分に確保されているのです。

いかがでしょうか。これを「貧しい生活」と呼ぶことができるでしょうか。少なくとも私には、決して貧しい暮らしとは思えません。

つまり、年収300万円という収入は、決して「少ない」とは言えないのです。これだけの収入があれば、現代社会において十分な生活水準を維持することが可能です。年収1000万円以上を目指して自分の人生を丸ごとお金稼ぎに費やす必要など、どこにもないのではないでしょうか。

若いうちから居住地を見直そう

みなさんが今、都市部で生活しているのなら、ゆくゆくは居住地の見直しも必要になるでしょう。なぜなら、**引退後も現役時代のライフスタイルをそのまま継続するという前提が、そもそも現実的ではない**からです。収入の大半を給与に依存している限りは、引退後は、当然のことながら給与所得がなくなります。よほどの大株主でもない限り、生活の支えは年金と貯金のみとなり、収入が大幅に減少するのは避けられません。

この事実を直視すれば、引退後に最優先で取り組むべきなのは「支出を減らすこと」です。そのためには、まず居住地を含めたライフスタイルの見直しが不可欠です。現在の収入を維持し続ける方法を考えるよりも、いかに支出を大幅に削減できるかを模索するほうが、はるかに現実的かつ効果的でしょう。投資には手を出さないほうがよいし、莫大な貯蓄をするのも難しい（むしろ後で述べるように、預貯金を持っていると搾取の対象になりやすい）という状況を踏まえれば、都市部での生活に固執する必要はありません。

では、支出を大幅に削減するにはどうすればよいのか。最も簡単で、かつ即効性があるのは、家計の大部分を占める「住居費」の見直しです。家賃を抑える、あるいは住宅を購入して家賃ゼロの生活を実現することが、最も大きな効果をもたらします。そのためには、都会を脱出し、不動産が安価な「トカイナカ」へ移住するのが有効な選択肢となります。トカイナカに住むことで、満ち足りた老後生活が格段に現実的になるのです。

もちろん、大都市にはファッション、グルメ、カルチャー、さまざまな面で刺激的な魅力があります。しかし、その魅力を享受し続けるには、それ相応の経済的な余裕が必要です。お金がなければ、大都市の華やかさはただの「絵に描いた餅」に過ぎません。都会の華やかなライフスタイルを目の前にしながら、それを享受できず、ただ指をくわえて眺めるしかない……。そうした状況に陥るならば、そもそも都市に住み続ける意味自体が薄れてしまいます。

都市在住のステータスは無価値

都市部に住むことを「ステータス」と考える人もいるでしょう。確かに、都会で現在生活している人にとって、地方への移住は「都落ち」と感じられるかもしれません。しかし、本当にそうでしょうか。**引退後、都会の魅力を楽しめなくなりつつ、わびしい思いをしながら暮らすよりも、発想を転換して、トカイナカの魅力を発見するほうが、ずっと幸福度の高い生活を送れる可能性があります。**本書（第2章）では、トカイナカの利点についても詳しく紹介していますので、ぜひとも参考にしてみてください。

また、健康や体力に自信のある人のなかには、「生涯現役こそが若さの秘訣」と考え、引退後も働き続けながら都会に住むことを計画している人もいるでしょう。しかし、**その「生涯現役」は、現実的に何歳まで続けられるものなのでしょうか。**

日本の公的年金制度を維持するためには、「男性のほぼ半数が70歳まで働き、4人に3人が75歳まで働く」「女性の過半数が70歳まで働き、3人に1人が75歳まで働く」ことが前提とされています。一方、厚生労働省が発表している健康寿命のデータによれば、男性の健康寿命は72・57歳、女性は75・45歳です。つまり、75歳まで働くことを前提とする制度設計そのものが、すでに無理のあるものなのです。

このような現実を踏まえたとき、「都会でずっと働き続け、現役時代と同じ生活を維持する」という考え方は、どれほど現実的でしょうか。健康で長生きできる人もなかにはいるでしょう。しかし、それはあくまで一部の人に過ぎません。健康寿命が100歳まで続く人もいるかもしれませんが、その確率にすべてを懸けるのは、あまりに危うい賭けだといえます。

「都会でなくては暮らせない」という発想から自由になれば、そんな不確実な未来に懸ける必要もなくなります。収入が減ることを前提として、生活コストを抑えながら、安定した暮らしを送っていくことこそが、真に賢明な選択なのではないでしょうか。

年収300万円あれば十分な生活水準を維持できる。生活コストを見直し、地方移住を検討しよう

東京は「一番安全な都市」じゃない

常識 ⬇東京は安全でインフラが安定している

真実 ⬇**東京の安全性は保証されていない**

目前に迫る首都直下型地震

東京では、長い間「首都直下型地震」の危険が指摘されているにもかかわらず、甚大な被害をもたらす大地震はいまだに発生していません。台風や感染症などの災害においても、「事前にあれだけ大騒ぎした割には、実際の被害はそれほど大きくなかった」と感じることが多いのではないでしょうか。

では、そんな**東京は「安全に暮らせる街」なのでしょうか。私は、今まではたまたま運が良かっただけではないかと考えています。**それが今後もずっと続く保証はありませんので、東京に住み続ける理由を「安全性」に求めるのは妥当とは言えません。

さらに、インフラは大都市のほうが安定していると思っているかもしれませんが、必ずしもそうではありません。実際、２０１１年の東日本大震災で福島第一原発が被災した際、そこに電力供給を頼っていた東京都は電力不足に陥り、計画停電が実施されました。このとき、少しでも想像力や共感能力が高い人たちは、「自分たちは今まで、原発という危険な設備を地方に押しつけて、自分たちの電力を賄ってきたんだ……」と心苦しく感じたことでしょう。まさに、その通りと言わねばなりません。

原発のある地域は、財政などさまざまな事情で、原発を「受け入れざるをえなかった」場所です。東京のみならず大都市に生活し続けることは、きらびやかな生活を享受するために、そうした地域に住む人たちを危険にさらしているのと同じなのです。

もっと根本的なことをいうと、**電力を電力会社から買っていること自体がリスクと言えます。これからは「自分で使う分は自分で賄う」という発想も必要でしょう。**現在では家庭用の太陽光パネルの設置が可能になっており、非常に現実的な選択肢です。

電力・食料は自分で賄う――これからのサバイバル戦略

これは電力だけでなく、食料にも言えることです。都市部では「食料はお金で買うもの」というのが当たり前ですが、生きるために必要なものを誰かに完全に委ねていると考えると、恐ろしくなってきませんか。実際、地震や台風などの災害時にスーパーからお米や保存食が消え失せる様子を、みなさんも何度も目にしてきたはずです。流通が途切れることで品薄になっているところへ、備蓄を求める人々による争奪戦が起こるからです。

しかも、日本の食料自給率は38％（カロリーベース）と非常に低い。したがって、日本の食糧事情は国際情勢に大きく左右されるということも自覚しなければなりません。場合によっては、海外からの食料供給が絶たれる可能性もあります。

私の自宅にも太陽光発電が備えつけられています。電気料金が上がり続けているなかでは、恰好の節約術です。しかも、自然災害などでいつ公共の電力供給が途切れるかわからないので、サバイバルにも直結します。

ただし、太陽光発電にも欠点があり、冬になると発電量が減ってしまいます。ですから、冬の間は薪《まき》ストーブを使おうと思っています。薪ストーブでは温室効果ガスの排出がゼロになるので、地球環境のためにもいい方法です。間伐で出た木を燃料にすれば、そこにはふたたび木が育ちます。つまり、温室効果ガスの吸収と排出がプラマイゼロになるのです。

私は、40年ほど前の1985年に移り住んだ所沢で、今では25種類もの野菜を育て、ほぼ自給自足しています。**電力も食料も、ある程度は自分で賄えるようになっておくこと。これには、単なる生活費の低減にとどまらない大きな意味がある**のです。

首都・東京は安全な都市とは言えない。自給自足の準備を進め、リスクに備えよう

預貯金のある人から順番に切り捨てられる

常識　⬇お金はあればあるほどいい

真実　⬇お金を貯め過ぎると損をする

闇雲に貯金を増やすのは禁物

日本は諸外国に比べて、老後の安心が十分に得られない国になってしまいました。そんな日本でゆくゆく老後を過ごすとなると、第一に考えるのは預金を増やすことでしょう。最近は政府の旗振りもあって投資を始める人が増えてはいますが、それでもなお、日本の高齢者の貯蓄率は、他国に比べて格段に高いのです。

私自身、よそでも本書でも、「投資はやめよう」「貯金しよう」と勧めてきました。

ただ、ここで問題にしたいのは貯蓄の程度です。

実は「**貯め過ぎ」は損する可能性が高い**のです。国の制度は、預貯金のある人から切り捨てる方向に向かっています。その意味でも、やはり「お金はあればあるほどいい」という常識を捨てる必要があるでしょう。

預貯金のある人から切り捨てるというのは、たとえば2000年に創設された介護保険制度にも表れています。

制度開始当初、介護施設での食費や部屋代などは、預貯金の有無にかかわらず、介護保険の対象でした。ところが2005年、原則自己負担になりました。低所得者に対する救済措置を作るためでした。

そして2015年からは、住民税非課税の単身者で、預貯金が1000万円以下ならば補足給付を受けられるようになりました。補足給付は一律ではなく、住民税を支払っていて、かつ1000万円以上の預貯金がある人は対象外ということです。

さらに2021年8月、制限対象となる預貯金の額が1000万円から500万円に引き下げられました。それまでは補助の対象内だった「預貯金500万円以上1000万円未満の人」も自己負担になったということです。

こうしてじわじわと預貯金のある人からの搾り取り体制が進展してきたわけです。

預貯金500万円を超えると、補足給付が受けられない

その上、**年金収入が増えると、預貯金の基準はいっそう厳しくなります。**

仮に年金収入ほかの収入が80万円以上120万円以下とすると550万円以上、120万円以上の収入があれば500万円を超える預貯金があることにより、補足給付を受けられなくなるのです。

ちなみに、**ここでいう「預貯金」には金融機関に預けているお金だけでなく、有価証券や投資信託も含まれるので、かなり厳しい制度設計になっている**と言えます。

現在、健康で介護の必要を感じていない人は、これらの介護制度の変遷が、自分の生活にどんな関わりがあるのか想像できないかもしれません。ただ、確かなのは、政府が預貯金のある人から順に切り捨ててきたことです。

ことは深刻です。仮に預貯金が500万円、年金収入が120万円の人が補足給付を受けられなくなったら、その500万円はあっという間に介護費用で消えてしまう。そんな事態が、間もなく現実のものとなるでしょう。

厚生年金受給世帯が受けとる年金は、将来的に、夫婦2人で13万円になると思われるからです。現に厚生労働省は、30年後の年金額を6段階に分けて検証していますが、最低金額は12万9000円になっているのです。

それにしても、「投資は最大のリスク」であり、「預貯金は搾り取られる」となったら、いったいどのように人生設計をしてゆけばいいのでしょう。

私から提案できるのは、やはり生活コストをどんどん減らしていくことです。

そして将来的に、家賃はゼロ、生活費はほんのわずかになるよう、トカイナカに家を買える程度＋αくらいの貯金にとどめる。年金以外は基本的に無収入で所得税を最低限に抑え、「住民税非課税世帯」を目指す。

こうした対策により、政府が容赦なく財布に突っ込んでくる手を、「私から出せるものはありませんよ」と振り払えるようになっていきましょう。

「貯めすぎ」は損をする。生活コストを減らすライフスタイルを実践しよう

無理に働かず、有り金は使い切れ

常識 ⬇老後資金を貯めることが重要

真実 ⬇資産を築く・貯めるより生きがいを優先

生産年齢人口は減り、労働力人口は増加の一途

少子化により、日本の生産年齢人口は大幅に減りましたが、労働力人口は増えています。

その理由は、政府の労働力増加政策にあります。

まず挙げられるのは高齢者の就業促進です。

国（法制定は国会）は、２０２０（制定年。施行は２０２１）年、改正高年齢者雇用安定法を制定し、70歳までの継続就業を努力義務としました。その結果、65歳以上の労働

図3　労働力人口の推移

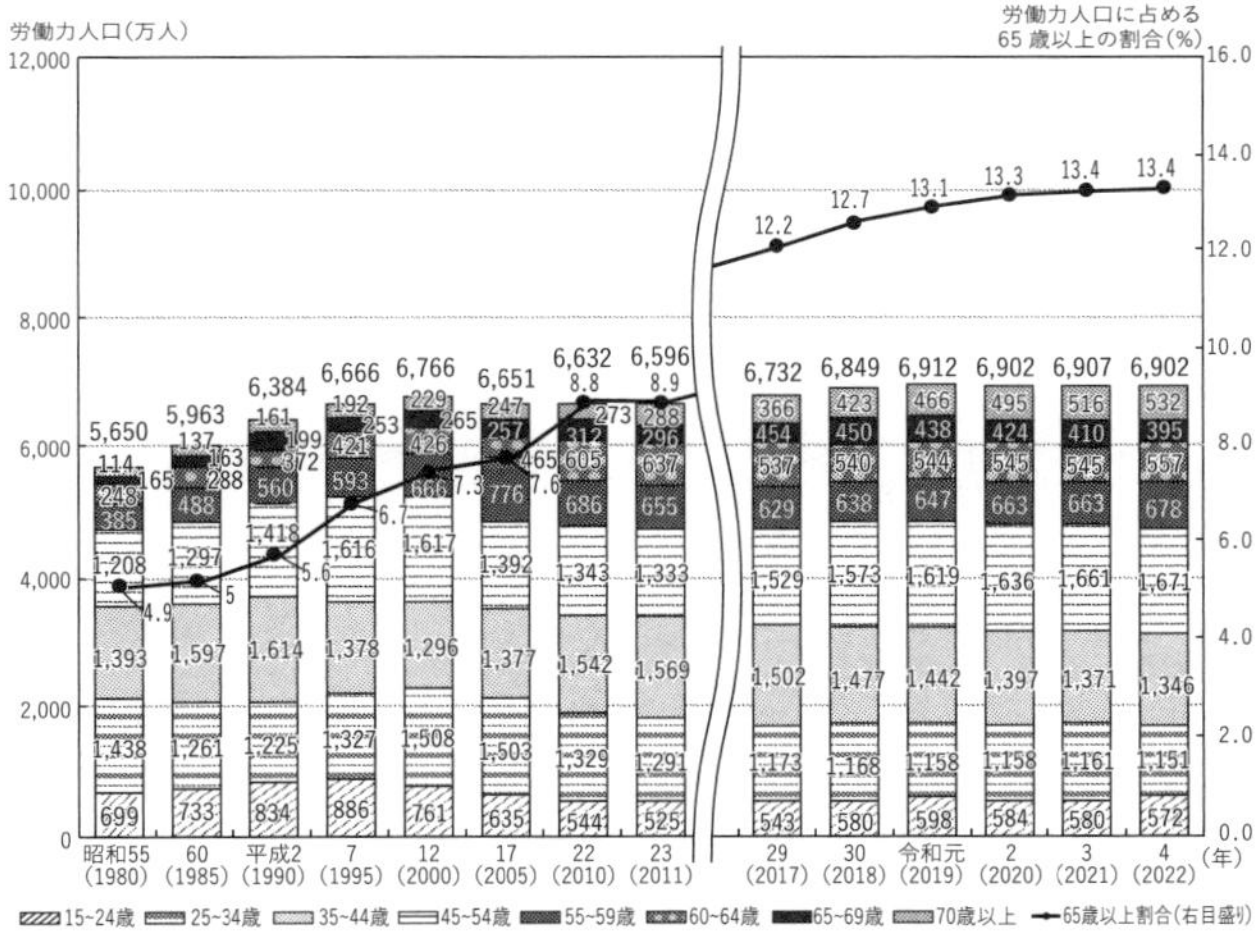

(注1)年平均の値。
(注2)「労働力人口」とは、15歳以上人口のうち、就業者と完全失業者を合わせたものをいう。
(注3)平成23年は岩手県、宮城県及び福島県において調査実施が一時困難となったため、補完的に推計した値を用いている。

出典：総務省「労働力調査」を基にSBクリエイティブ株式会社が作成

力人口は、22年には927万人となっています。なお、政府の雇用政策研究会は、2040年の日本の男性の就労率は65歳～69歳で約70%、70～74歳で約48%という驚くべき推定を出しています。

次に女性です。男女共同参画社会が謳われ、女性の就業者はこの15年ほどで370万人も増えています。しかし、正社員よりも非正社員が増えるという現象を起こしていますから、一概に喜んでいいものか否か、疑問が残ります。

外国人労働者についても見過ごせません。技能実習生の受け入れが推奨されていましたが、技術や技能を学んでいる人は一部に限られ、資材を運ぶだけ、魚をさばくだけといった単純作業をやらされている人も多いということを知るべきでしょう。

最後に若年層です。たしかに、20～24歳の労働力率は増えています。しかし、これを政策の成功と見るのは早計です。彼らの多くが学生のアルバイトであり、働いているのは親の収入が減ったからだと見るべきでしょう。

本当に、生涯現役でいたいか

これらの実態から分かることは、多くの人々が低賃金に甘んじているということです。

特に将来のある若者ならばともかく、高齢者の現状には首をかしげざるを得ません。老後資金が不安で、仕事を辞めるわけにはいかないと思っているのでしょう。しかし**再就職後の仕事は、「ブルシット・ジョブ」になりがちです。重労働を伴う仕事も多**

く、「疲れてしまって帰ったら食べて寝るだけ」ということになりかねません。それを「豊かな老後」と言えるでしょうか。第一、現在すでに「老後」なのです。老後に老後資金が不安で働いている。どこか矛盾していると思いませんか。

他方、子どもを持てないほどギリギリの生活をしている若年層が多いというのに、日本は「世界一、貯蓄率が高い国」とされています。日本の資産は高齢者に偏っているのです。

現に金融資産保有額を年齢別で見てみると、年齢とともに増えていき、最高額は70代以上の2030万円です。言葉を選ばずに言えば「老い先短い人たち」が一番の金持ち。墓場まで持っていけるわけでもあるまいし、そんなに資産を積み上げてどうするのかと思うのは、私だけではないでしょう。

その理由として考えられるのは、将来に対する不安です。

引退後、自分では稼げなくなってからの家計が年金だけというのは不安過ぎる。だから老後資金を貯めようという発想になる人が多いと思われますが、ここでは、もっと本質的な理由に迫ってみましょう。

それは、お金に依存した暮らしをしていることです。お金がなくては生活できない。**引退後、何不自由なく暮らしていくには、お金はたくさんあるに越したことはない。そんな思い込みがあるから、お金を手放せないのです。**

最もリスクが高いギャンブルである投資に手を出して、お金を増やそうとするのもそのせいでしょう。裏を返せば、そんな思い込みからさえ脱却すれば、「お金を稼がねば、貯めねば、増やさねば」という強迫観念からも自由になれます。

人はみな、何も持たずに生まれてきます。そして、生きている間に何をどれだけ貯め込もうとも、最後には何も持たずに死んでいきます。

ならば**資金を貯めることよりも、自分の生きがいを最優先にしたほうが、最後の最後まで幸せな人生を送れる**というものでしょう。

生活費は年金とわずかな貯金だけ。最後には有り金を使い切り、完全無欠の「ゼロ」になるつもりで心豊かに暮らす。

そんな「ただ足るを知る」精神に落ち着くことができれば、無闇やたらと貯め込むことに走らずに済むでしょう。貯蓄がない人だって、何もブルシット・ジョブに従事してまで働き続ける必要はないのです。

生活費を抑え、心豊かに暮らし、
資産を使い切るつもりで生きよう

第5章

属せども、隷属せずに働きなさい

20代、30代は仕事をがんばるべき理由

常識⬇働き方改革でワークライフバランスを重視
真実⬇若いうちはとにかく一生懸命働く

若いうちは「自分の時間」より「仕事」を選べ

やりたいことは全部やる。そのように銘打っている本書ですが、**本当にやりたいことを全部やりながら生きていくためには重要な条件があります。20代から30代のうちは、とにかく一生懸命、働くこと**です。

その点で、私は「働き方改革」には反対です。20代、30代は技術・技能、知識・知恵、さらには仕事人としての信頼を培うべき黄金期だからです。誤解を恐れずに言えば、そこでがんばらずして、明るい未来があるとは思えません。

私も若いころは猛烈に働きました。さすがに昭和的過ぎるので、今はおすすめできませんが、あれだけ働いたことは確実に今につながっていると感じています。

たとえば経済ライターとして、全盛期には月に37本もの締め切りを抱えていました。これに加えてデイリーの記事も担当していたので、1日の締め切りは7～8本。しかし、一つも落としたことはありません。当時は「親が死んでも締め切り厳守」というのが常識だったからです。ライターの先輩からも、そう教わりました。

今の私は、割と好き勝手に物書きを続けていますが、そのベースが、あのころの働きぶりにあることは間違いありません。

そのように働いているうち、だんだんと締め切り厳守ではなくなり、出版社の都合より自分の都合を優先できるようになりました。一応は締め切りがあっても、自分が納得できるまで突き詰める。結果として、締め切りを大幅に過ぎてから提出しても喜ばれるというポジションを確立しているのです。

都心から離れたところに住んでいても、仕事の依頼は途切れることがありません。物書きとして、なるべく依頼主の要望には応えるようにしていますが、気分が乗らなかったら仕事から離れ、新たな関心事に挑戦したり、趣味に興じたりするのも自由です。

若いうちは想像がつかないかもしれませんが、気力も体力も年を重ねるごとに落ちていきます。およそ40代をピークとして、後は下り坂に入ると思っておいてください。

そして気力・体力が落ちた分を補ってくれるのは、長い経験のなかで培ってきた技術・技能、知恵・知識、信頼とこれらによって築いたポジションしかありません。やりたいことをやりながら好きなように生きられるかどうかも、それ次第で大差が出てきます。

要するに、**人生の分かれ目は20代、30代にある**といっても過言ではありません。やりたいことを全部できるようなポジションを築くには、エネルギーが有り余っている若いうちにこそ一生懸命働くことが先決なのです。

紆余《うよ》曲折でも、充実していた私の会社員人生

独立起業の気運が高く、「ひとりビジネス」を始める若い人が増えている近年です

が、私は、あくまでも会社員でいることをすすめています。

完全に自分裁量で物事を決断できる自営業者と違い、上司との調整や度重なる会議など、会社員は煩雑な仕事が絶えません。こうしたこともあって、どちらかというと会社員がネガティブなイメージで語られることも増えてきたように感じます。

しかし、**「組織に属している」という強みは、やはり会社員だけのものです。特に若いうちは、それこそ最強の生存戦略**と言っていいでしょう。

かくいう私自身の仕事人生はどんなものだったのか。みなさんよりだいぶ年配ではありますが、ここで、私が会社員として歩んできた仕事人生を紹介しておきたいと思います。

大学を卒業した1980年、私は日本専売公社に就職しました。最初の転職はその8年後の88年でしたが、それまでにも出向で複数の職場を体験しました。

まず、入社して2年後、日本経済新聞社の外郭団体である日本経済研究センターというシンクタンクに、1年間の契約で出向することになりました。

このシンクタンクは、会員である企業から研究員を受け入れ、短期・中期・長期の経済予測をさせて発表するという活動をしていました。私もその一員として予測研究をすることになったのです。

私は、「賃金と所得配分」、そして「食料品産業の中期予測」を担当したのですが、この仕事の魅力に、私はすっかりとりつかれてしまいました。

世の中には、予測不可能なことがたくさんありますが、なかには、予測できることもあります。

たとえば、現在40歳の人は、事故死をしなければ病死の確率は低く、1年後にはほとんどが41歳になります。ですから年齢別の人口が予測できます。その予測から、労働人口が予測でき、最終的には国全体の供給力を予測することができます。

つまり、私の研究で一つの「未来」が見えてくるわけです。それは楽しい仕事でした。

なかには勘に頼って予測をする人もいて、しかも当たってしまう場合もありました。でも私はヤマ勘で「当たるか当たらないか」を競うよりも、コツコツと数字を重ねること自体が楽しかったのです。残業手当が出ないにもかかわらず夜中までコンピュータに向かい、シミュレーションや計算に勤《いそ》しんだものです。

そして1年後、出向を終えて日本専売公社に戻った私は、間もなく渋谷営業所に配属されました。前回の出向先とは打って変わって、今度は人と接する営業の仕事です。意外に思われるかもしれませんが、この仕事も好きでした。

信頼され、任されるほどに人の意欲は高まる

日本専売公社に戻り、渋谷営業所に配属されてからさらに1年後、今度は経済企画庁（現・内閣府）に出向することになりました。

出向先での肩書は「経済企画庁総合計画局労働力及び人的能力担当計画官付委嘱調査員」。舌を嚙《か》みそうですが、要するに、経済計画を作る総合計画局という部署で、労働に関わるさまざまな調査をするのが主な仕事でした。

日本は自由経済を旨とする資本主義経済をとっているのに、役所が計画を作るのかと思われたかもしれません。当時は、政府が中長期の経済のグランドデザインを描

き、それに従って政策を遂行していくという、いわば社会主義的な側面があったのです。その背景には、かつての池田内閣の「所得倍増計画」の成功体験があったのかもしれません。

私が配属されたのは、通称「労働班」で、職務は労働力需給の中期予想をすることでした。職務をこなせば仕事は終わりだったのですが、なんだか物足りない。以前の出向先で感じたようなおもしろさを、また実感したいと思ってしまいました。

そこで私は本来の職務を超え、経済モデルを担当する計画班という部署とも連携をとるなどしながら仕事の幅を広げていきました。経済モデルとは、経済予測をするためにコンピュータで構築する経済の模型のことです。

こんなことができたのは、尊敬する上司のおかげでした。その上司、中名生《なかのみょう》隆さんは部下を全面的に信頼し、仕事を任せてくれました。「部下を信頼して任せる」というのは、よくマネジャーに求められる素質として言われることですが、実際には、なかなかできるものではありません。

中名生さんが私たちに指示したことは、次の2つだけです。

①いい情報はいつ報告してもいいが、悪い情報はすぐに報告すること
②自分でやりきれる自信のある仕事は締め切りまでがんばってもいいが、自信がないときには早めに「できません」ということ

どちらとも、「最終的な責任は自分がとるから、君たちは自由にやりなさい」という意味です。人は任せてもらえる領域が増えるほど燃えるものです。燃えて仕事をすれば、成果を挙げることになり、私への評価も上がっていきました。そうなれば、ますます張り切るのが人間です。そんな好循環のもと、私はますます仕事にのめり込んでいきました。

いろいろと道草を食ったり、失敗したりすることもたびたびありましたが、それでも私は幸せな仕事人生を送ることができたと思っています。それはひとえに、中名生さんをはじめ、こんな私を支え、育ててくれた人たちに出会えたからなのです。

辞職届が受理されない！　私の転職体験談

部下を信頼し、任せてくれた中名生さんの存在もあって、やがて私は「この仕事をずっと続けたい」と思うようになりました。しかし当時の私は28歳。すでに国家公務員上級職（現・総合職）の受験資格はなく、受けるならば中級職（現・一般職）しかありませんでした。

つまり、望んだ仕事に就ける可能性は限りなく低かったのです。尊敬する上司に相談したところ、「シンクタンクに勤めれば可能」とのアドバイスを得ました。しかし民間企業に転職する勇気はなかったので、ふたたび専売公社に戻ることにしました。

転職を決意したのは、その半年後のことです。

日本専売公社から「日本たばこ産業」へと改名されていた古巣に戻ったものの、配属先の製造部門・予算管理の仕事には、あまりおもしろさを感じることができませんでした。それだけに、経済企画庁で携わった仕事の魅力が、いっそう強く思い出されます。転職のタイミングだと思いました。

転職を決意した私は、まず経済企画庁にいたころの上司に相談し、三井情報開発株式会社の総合研究所を紹介してもらいました。すぐに動いてくれる素晴らしい上司でした。私の前途は洋々たるものに思えました。

ところが、日本たばこ産業の人事課が辞表を受理してくれません。

もちろん日本国民には「職業選択の自由」があり、受理しないほうが無理筋です。これは無視しても大丈夫という判断だったのですが、困ったことに、私の退職を阻止しようとしていた人事課課長代理が、シンクタンクをつくると言い出しました。

そもそもシンクタンクに転職するために辞表を出したわけですから、私は辞める理由をなくしてしまいました。そうなると、しばらく静観せざるをえません。

やがて思いがけないことが起きていることが判明します。

あるとき経済企画庁の審議官に呼ばれて出向くと、なんと日本たばこ産業からは「森永を辞めさせないでくれ」、三井情報開発からは「森永を転職させて欲しい」という要望が入っており、板挟みになっているというのです。

私にそれほどの価値があるとは思えませんでしたが、審議官が正反対の要望を出されて困っているのは事実でした。そこで審議官が出してくれた「日本たばこ産業に所属したまま三井情報開発に出向」という提案を受け入れることにしました。

しかし結局、日本たばこ産業がシンクタンクを設立することはありませんでした。設立断念の知らせを受けて、私はすぐに辞表を提出。今度こそ受理され、晴れて三井情報開発に正式に入社しました。1988年2月のことです。

ようやく希望どおりの職を得た私でしたが、わずか2年後に、ふたたび転職を目指して求職活動を始めることになります。

ときはバブルの絶頂期。あらゆる大企業が好条件で求人を出していました。それに心奪われたのは私も例外ではありませんでした。「希望の仕事に就けたのだから満足」と思っていたのに、ほかの職業にも目移りするようになってしまったのです。

あれこれと検討した結果、私は9社に履歴書を送りました。シンクタンクからテレビ局、銀行まで多岐にわたりましたが、最初に内定をくれた三和総合研究所（現・三菱UFJリサーチ&コンサルティング）に決めました。

当時はまだシンクタンクとしての体裁が整っていない新しい会社であり、ほぼ「起業」に近い形で働くことになることを知ったのは、入社後のこと。しかし私は、ここでも素晴らしい仕事、素晴らしい上司に恵まれるのです。

「自己責任」を負う自由な働き方

仕事をしているとき、どんなところに喜びを感じるのかは人それぞれでしょう。ひょっとしたら、今のところは大した「喜び」を感じられていない、という人もいるかもしれません。

せっかく自分の気力・体力を費やして働くわけですし、何より、長いようで意外とあっという間に過ぎるのが人生です。その人生の時間のなかでも最も多くの時間を費やす仕事というものに対して、一人でも多くの人が何かしらの喜びを感じることができたらと、願わずにはいられません。

私自身は、自分の思うままに仕事をさせてもらうことに一番の喜びを感じます。

その点で真っ先に思い出すのは、三和総合研究所で働いていたころのことです。

前項で述べた通り、私が転職した当時、三和総合研究所は、およそシンクタンクの体をなしていませんでした。そのために、シンクタンクの一社員として当然のことをしているのに悪評が立つなど、やりづらいところも少なくありませんでした。

でも、とにかく松本社長の経営理念が素晴らしかったのです。

まず、ヒューマニズムに立脚した、ロマンティシズムとリアリズムの両立。

三和総研はシンクタンク、つまり研究機関です。そして研究機関であるからには、採算を度外視してでも公正中立な研究をしなくてはいけない。しかし、そればかりで採算がとれなくては企業として成立しなくなる。

したがって公正中立性を追い求めるだけではなく、採算を追い求めるだけでもなく、両立させることが重要であるということです。

そして、自由と自己責任。

たとえば松本さんは、つねづね「絶対に談合をしてはならない」とおっしゃっていました。

今だから言えることですが、当時、談合はシンクタンク業界でも日常茶飯事でした。どこかで調査の募集の説明会があると、「今度の調査は、どこそこのシンクタンクが受注すればいいのではないか」などと話し合うのです。

そこへきて「談合をしてはならない」とのトップからのお達しですから、三和総研だけ話し合いに呼んでもらえません。そうなると、なかなか仕事を受注できず、ついには大きな赤字が続く部署も出てきてしまいました。

当然、社員の間ではフラストレーションと不満がくすぶります。かくいう私もその一人であり、業を煮やして社長に直訴しました。すると、こんな答えが返ってきたのです。

「少しでも世間から疑われるようなことをしてはいけない」
「黒字にするよりも、不正をしないことのほうが大事」
「不正をせずに黒字にすることを考えるのが、現場にいる君たちの仕事」

このとき、「なるほど。自由と自己責任とはこういうことなのか」と思いました。

経営者の一番の仕事は、経営理念を示すこと。この会社にはどのような使命感や役割意識、存在意義があるのかを周知徹底すること。では実際、いかに経営理念を社会的に体現し、利益を出していくのかというと、それは一人一人の社員がいかに仕事をするかにかかっているのです。

その意味において社員は「自由」であり、そして「自己責任」を負っている、というのが松本さんの真意だったのだろうと思います。くだんの「談合禁止」の顛末《てんまつ》には、それがよく表れているといっていいでしょう。

さて、松本さんの薫陶を受けた私が、まさしく現場に立つ一社員として経営理念を実現させるために取り組んだのは、三和総研の人事制度の大改革でした。

というのも、人事部長は銀行からの出向であり、シンクタンクの業務のことなどほとんど理解していなかったからです。そんな人に一方的に評価され、給与から賞与、人事まで決められているというのが研究員の最大の不満でした。

そこで私は、会社や部長から人事権と評価権を奪うという改革を行いました。

人事権は研究員自身に付与し、評価や年俸の配分が不公平など不満のある部署から別の部署に移ることを自ら決められる。我ながら大鉈《おおなた》を振るったものですが、そうなるとプロジェクトリーダーは公平な評価、公平な年俸分配をせざるを得なくなります。

もちろん、それだけ研究員は自己責任を負うことになりますが、自分のやりたい研究を、やりたいように、やりたいだけできるようになりました。すべて自分の判断のもと、成果も責任も自分のもの。こうした企業風土の創出につながった大改革は、その後の三和総研の業績向上に大きく寄与したと強く感じています。

三和総研での改革は、私からしてみれば、松本さんの経営理念にのっとった「理想の会社作り」でした。そのために自分の思うまま仕事をさせてもらった。あのときの幸福感は、今でも忘れることができません。

社会人になってから30代までの若いうちに、技術と信頼を築き、将来に備えるべし

いい残業、悪い残業

常識 ⬇サービス残業は忠誠心の表れ

真実 ⬇闇雲なサービス残業は健康を害し、無意味

「サービス残業」、是か非か

「労働基準法」によると、労働時間の基準は1日8時間、1週間で40時間と定められています。残業が必要な場合には、会社と従業員との合意のもと、「36協定」（労働基準法36条による協定）を締結し、労働基準監督署に提出しなければなりません。

ただし、残業にも条件があります。例外中の例外として、さらなる延長が認められることもありますが、残業は原則として月に45時間、1年で360時間を超えてはならないとされています。それに違反すると、責任者には6カ月以上の懲役、または30

万円以下の罰金が科されることになります。

そこで浮上してきた問題が、サービス残業です。仕事が定時までに終わらない場合、残業すると会社に残業代支払いが生じ、残業時間が長くなり過ぎれば会社が労働基準法に違反してしまう可能性があります。だから定時にタイムカードを押してから、再び仕事を続けるのです。本来あるまじきことですが、身に覚えのある会社員は非常に多いはずです。

私の知り合いにも猛烈サラリーマンがたくさんいました。なかにはサービス残業を月に100時間もこなしているという「猛者《もさ》」もいたほどです。記録されないだけで、責任者は明らかな法律違反を犯していることになりますし、何より本人の健康が心配でした。

サービス残業を会社に対する忠誠心や仲間意識の表れとして、正すどころか暗に賛美する傾向も見られたものですが、私は断固として「異」を唱えます。特に現代社会において、サービス残業にはいいことが何もないと思うからです。

サービス残業は、そもそも人の健康を害する危険のある労働基準法違反の隠れ蓑《みの》で

す。そのうえ現代においては、処世術の点でも、サービス残業をしても意味がありません。いいや、残業そのものに意味がないと言ってしまってもいいでしょう。

残業時間で評価は決まらない

実力主義の時代では、残業などしなくても成果を出す人が高い評価を得ます。「残業してがんばりました！」では上司の歓心を得ることはできない。そういう時代になってすでに久しいのです。

では、残業もサービス残業もせずに、どうするのか。その答えは単純にして当然です。**「正規の就業時間にしっかりと働いて、残業はせず、有給休暇の返上もしないできちんと休む」**ことに尽きると思います。

「周囲と同じでなければいけない」「周囲から浮いてしまうのが怖い」といった同調圧力に負けそうになるかもしれません。でも、もし職場でいまだにサービス残業などという悪弊が残っているのなら、誰かが「サービス残業は、もうやりません」ということを態度と行動で示すべきです。その最初の一人になる勇気を出し、より働きやすい環境を勝ちとることで、会社員という選択肢はいっそう最強の生存戦略として有効になっていくでしょう。

サービス残業は無意味。正規の就業時間に集中し、無闇な残業は避けよう

異動を活用して自分のポジションを確立する

常識 ⬇今いる会社を辞めたくなったら、転職する

真実 ⬇異動を活用して、社内での自分のポジションを確立する

「こんな会社辞めてやる」と思ったら

物価高が続く昨今、給料の安さに不満を持っている人も多いと思います。賃金が少々上がっても、楽になったという実感を持つことができない。ときには、「こんな給料じゃ生活できない！　辞めてやる！」と思ってしまうこともあるでしょう。

しかし結論からいえば、**転職はおすすめしません。**

転職をしても、今の日本ではキャリアアップも給料アップも望めないからです。ま

してや「楽しく働けて給料がいい」「いい人ばかりで和気あいあいと働ける」「上司との折り合いもいい」といった甘い夢を転職に抱いているのなら、絶対にやめるべきです。

今いる会社に不満たらたらの人も同じです。そういう人は、どこに行っても似たような不満を抱くに決まっています。運よく転職できたところで、組織内でゼロからのスタートになり、また不満をため込んで転職を考え始める。当然、そんなことでは仕事のスキルは上がりませんから、どんどんグレードダウンしていくだけでしょう。

こんなことを言うと、「欧米では転職が当たり前。みんなどんどん会社を移ってキャリアアップしているじゃないか」という反論があるかもしれません。

しかし、日本と欧米とでは仕事の環境がまったく違います。

特に大きな違いは、欧米では職種によって給料が決まっていて、同じ職種である限り「昇給」という考え方がないことです。収入を増やすには、組織内でもっと上のポジションに行くか、より高い給料が約束されている職種に就くために転職するかしかないのです。

一方、日本では、同じ職種でも定期昇給があり、わずかでも収入は増えていきます。給料が下げられることは滅多にありません。

現に厚生労働省の統計を見ると２０２３年上半期、転職した場合、20代前半では約19％、20代後半では約22％、30代前半では約33％、30代後半では約31％もの人で年収が減っています。

最近では、企業の人員削減についてのニュースもよく耳目に触れるようになってきています。

リストラされたら、それこそ転職先で収入が上がることなど望めるはずもありません。リストラ前と同じ額というのもかなり厳しい。半減することすら珍しくありませんから、少し減るくらいで済んだら御の字というありさまです。

となると会社員として最後まで生き延びる方策は、**転職を考える以前に、まずリストラ対象にならないように自分のポジションを確立すること**です。

ここで、その方法の一つを紹介しておきましょう。それは「社内異動」です。

人事権を持つ社長や人事部に、自分のキャリアや能力を強く印象づけ、自分の行きたい部署に狙いを定めたら、その部署の上司に自分の能力をさりげなく売り込みます。組織は人間の集まりであり、上司もまた一人の人間です。共通点のある人には親しみを感じるものですし、懐かれれば悪い気はしません。ですから、社長や意中の部署の上長などと親しくなるために、相手の趣味や関心事を知ることも一つの戦略です。ただし深入りは禁物で、あくまで「さりげなく」が大事です。

ここまで読んでみて、いかがでしょう。キャリアップも給料アップも望めない、それどころか下がるかもしれないというリスクを背負って転職することが、筋のいい選択肢とは思えなくなるはずです。

そこに追い打ちをかけるようですが、今の日本には成長産業がないのです。

産業が成長していくために必要なのは、極めて大きな需要です。歴史を振り返れば、かつての高度成長期には人々の需要を喚起する物品がたくさんありました。日本人は戦後の貧しさを脱し、これまで持てなかった家電製品の冷蔵庫、洗濯機、掃除機、テレビなど、あるいは車なども買えるようになったからです。

つまり、この時代は消費活動が活発で、企業側が少しだけ違う製品を作って販促キャンペーンをすれば、飛びつく消費者がたくさんいたということです。

しかし今は違います。今後も、おそらく日本で成長産業が生まれることはないでしょう。キャリアアップ、給料アップのための転職ならば、勝ち馬に乗ることが重要ですが、残念ながら乗るべき馬が見当たらない。新たに現れる兆しも感じられないのです。

それでも転職する意味があるとしたら、「いろんな経験を積むため」に尽きるでしょう。

特に20代のうちは収入のためでなく、多様な職種を体験し、自分が本当にやりたい仕事や、本当に合っている仕事を見つけるために限れば、転職するのも一つの選択肢です。もちろん「楽して高収入」という仕事はないので、そこは覚悟して臨んでください。

では30代以降はどうしたらいいでしょうか。

転職する理由は収入を上げるためではなく経験を積むため、という前提条件は変わりません。

30代では「職種」を変えるのではなく、今の職種で、より幅広く、より深く、より専門性に磨きをかけることを優先的に考えるといいでしょう。こうして自分だけのオリジナリティを出せるようになれば、同業ならどこへ行っても通用する武器になります。

さらに40代になったら、もう新たな武器を得る段階ではありません。それまでのキャリア、実力の積み重ねがものを言います。企業は、志望者の将来性ではなく過去の実績により、採用するか否かを決めるということです。

いっておきますが、「どこそこの会社で部長でした」「大手の○○社で働いていました」などはキャリアでも実績でもありません。問題は「肩書が何だったか」「どこの企業で働いていたか」ではなく、「そこで何をしたか」です。

たとえば「営業なら誰にも負けません、たとえば……」とか「総務で人事を担当していました。人を見る目は確かです」など、自分の仕事ぶりをアピールできるようでなくてはいけません。要するに、自分を雇うメリットを具体的に伝えるということです。

さて、こうした年代による違いはありますが、いずれにしても**転職の目的はお金「以外」であるべきだと私は思います。経験のためであるという前提においてのみ、転職は選択肢になりうる**ということを、最後にもう一度、強調しておきましょう。

基本的には今いる会社で働く。転職する場合は、お金よりも経験を得る目的で行う

組織を抜け出せば、自由になれるのか

常識 ⬇会社で働くのは個人の自由度が低い

真実 ⬇会社で働くことこそ、最強の生存戦略

会社はビジネスの最高の学び場

本章でお話ししてきた通り、これからの時代は特に、会社員こそ最強の生存戦略だと私は見ています。それでも独立起業したいという人がいたら、止めはしませんが、相当の計画と覚悟が必要であるということは伝えておきます。

自分で興す事業の展望は明るいか。やってみなくてはわからないとはいえ、およそどれくらいの期間で利益化できるようになると見ているか。誰が力になってくれそうか。そして、その事業をすべてに勝る優先順位とし、没頭する覚悟はあるのか。

もし、こうした条件をそろえられないのであれば、少なくとも当面は起業しないほうがいいでしょう。会社員として働いてビジネスの体力作りをすることが先決です。

実は私のゼミでも、在学中に起業する学生が増えています。すぐにでも自分のクリエイティビティを発揮したいという意気込み自体は素晴らしい。ただし彼らを見ていて心配なのは、会社で働いた経験がないために、ビジネスの基礎が分かっていないことです。

一番望ましいのは、やはり一度は企業に勤めて、仕事にまつわるさまざまな事柄を学ぶことです。**自分が所属する部署だけでなく、職種の異なる部署にも積極的に顔を出すようにしていれば、自然とビジネスの基礎が身に付く**でしょう。

しかも、企業とは、今まさに事業を行い、世の中に価値を提供することで利益を出している組織です。すべてが現実ですから、下手なビジネススクールなんかよりも、はるかに実用性の高い教えを授けてくれる最高の学びの場と言っていいでしょう。

私自身、会計や税務に関する資格は何も持っていないのですが、税理士に「森永さんの税制の知識は税理士以上」と言われたことがあります。決算書など企業の経理関係の書類も、難なく読みこなすことができます。

いずれも誰かに教わったわけではありません。会社員時代に自分の仕事や他部署の手伝いを通じて、自然と身に付けた技能です。

そんな自身の経験からしても、起業を目指している人は、企業のなかで行われていることのすべてを隅々まで体験し、吸収できるものはすべて吸収するつもりで、まず会社員を経験することから始めるのがベストだと思うのです。

独立起業するなら必ず考えるべきこと

さらに、起業して一定の成功を収めてからも、注意すべきことがあります。

企業は赤字で倒産するのではなく、資金が回らなくなったときに倒産します。ですから**興した会社を存続させるには、銀行からお金を借りるよりも、自己資金を作っておいたほうがはるかに事業の自由度が高く、かつ安全です。**

ところが、この点を理解していないばかりに、ちょっと成功して利益が増えたとたんに高級志向に走る人が多いのです。

都心のおしゃれなオフィスに、ふかふかの絨毯《じゅうたん》、革張りのソファ、さらにはデザイナー物件の高級マンションに高級外車……と贅沢を始めてしまう。そんなゼミ生を何人も見てきました。私がいくら口を酸っぱくして「そういうのはやめておきなさい」といっても、一度キラキラしたものに目を奪われるとやめられません。

贅沢をするのは会社の資金を食いつぶすということです。つまり、それだけ資金が回らなくなって倒産するリスクが高くなるのです。

残念ながら私のゼミ生には聞く耳を持たない人もいるのですが、みなさんは、くれぐれも気をつけてください。起業するなら、「会社存続の鍵は自己資金であり、利益が出ても安易に高級志向には走らない」と肝に銘じておくことです。

会社はビジネスの最高の学び場。社内でポジションを確立し、経験を積もう

第6章

「終わり」を意識して生きなさい

「最期」を意識してこそ、人生は一層輝く

常識 ⬇死は遠い未来のことであり、元気なうちは考える必要がない

真実 ⬇**死を意識することで生の価値が高まる**

元気なうちから「死」を意識する

私は、がんで余命宣告を受けてからさまざまな身辺整理をしました。膨大なモノや本、蒐集癖《しゅうしゅうへき》により積み上がった玩具などのお宝の山、そして資産。こうした有形物以外にも、仕事や人間関係、さらに「整理」とは少し違うかもしれませんが、家族に対する終活も、いつ死んでもおかしくないとなれば欠かせません。

私は、死ぬこと自体は怖くありません。

特定の宗教を信仰しているわけでもなく、天国も地獄も、死後の世界も来世もないと思っています。死んだら肉体と一緒に「私」という存在も、魂（もしそんなものがあるのなら）もろとも、きれいさっぱりなくなるだけ。だから手厚く葬ってもらう必要もないし、いっそ遺骨は廃棄処分してもらってもいいと思っているくらいです。

しかし、これは死を軽んじていることとイコールではありません。

むしろ「死」という、「生誕」に並ぶ人生最大のイベントを重んじ、強く意識してこそ「生」をも重んじ、強く意識することになるのです。

影が濃ければ光が強いがごとく、「死ぬこと」を意識するほどに「生きる」ことが際立ってきます。「いかに死ぬか」ではなく、「生きている間に、いかに生きるか、生き抜くか」が、最も重要な問題意識として浮かび上がってくるというわけです。

若いみなさんにとって、死はどこか縁遠いものかもしれませんが、できることなら、生きているうちから死を意識して欲しいと思います。すべての生物は生まれてから死に向かっています。ただし、これはあくまでも不可逆的な時間軸の話。人間の意識だけは時間軸から自由なので、逆に死のほうから生を眺めることもできるのです。

自分の人生を光り輝かせることができるのは、自分自身しかいません。そして人生の輝きとは、死から生を眺めてみたときに、最も高まるものである。これは今、死を目前にした私が、非常に強く感じている真理のようなものです。

人はいつ死ぬかわからない

余命宣告を受けた私が、家族に迷惑をかけないよう、まず真っ先に身辺整理を進めたのには、理由があります。

実は、以前私自身が、相続する立場となったときに大変な思いをしたからです。父が亡くなった後のもろもろの手続きは困難を極め、それと同じ思いを私の家族にはさせたくないと考えてのことでした。

近年は相続をめぐる訴訟が激増しているといいます。また、親が亡くなった後、子どもが親の銀行口座からお金を引き出そうとしたら拒否されたとか、親が生前に加入していたサブスクリプションサービスなどを解約したいのに暗証番号が分からない、そもそもどんなサービスに加入しているのかが分からない、といった話もよく耳にします。

トラブルの内容はさまざまですが、ここで言えることはただ一つ。身辺整理をしないまま死ぬと、後に遺された人たちにとんでもない苦労をかけることになる。本来やらなくていいはずの手続きのために、膨大な時間や労力を割かせることになってしまうのです。

父の死後の私がまさにそうでした。

２００６年に脳出血で倒れた父は半身不随になり、２年後の２００８年に亡くなりました。そこから相続の諸手続きをするにつれて、「あのときこうしていれば」と思うことが続出しました。

たとえば相続税です。

脳出血による半身不随で要介護となった父は、弟の家よりも部屋数が多い我が家で引きとることになりました。

１人増えた分、生活費は上がり、父は父でインターネットや新聞を契約していましたが、当時は一つ屋根の下で暮らしている、しかも障害を抱えた老親から生活費を受けとるという発想はありませんでした。

一方、介護費用については、父と相談の上で本人の口座から引き落とすことになっていました。ところが最初に指定した口座の残高は早々に底をつき、父が「複数ある」という口座は、どれも通帳が行方不明。そうしているうちに介護施設の支払い期限が迫ったので、とりあえず私の口座を指定したものが、結局、父の死まで継続したという顚末でした。

こうして私が肩代わりした生活費や介護費用は、合計数千万円にもなります。言い換えれば父の資産は数千万円、余計に多く残ることとなり、その分、私は余計に多くの相続税を支払う羽目になりました。

私の財布から出すか、父の財布から出すかで諸経費の額は一銭も変わりません。でも父の財布から出させていれば、それだけ父の資産は目減りし、したがって相続税もかなり圧縮されるはずでした。

何としても父が話していた銀行口座を突き止めるべきでしたし、何より経費をきちんと記録しておくべきでした。亡くなってしまってからでは遅いのです。

父の生前に、すべての銀行口座を突き止めておけばよかったというのは、介護費用や生活費に関してだけではありません。実は、父の死後、もっとも難航したのは、父が開設していた全口座を把握して資産総額を洗い出すことだったのです。

銀行口座は、10年以上取引がないと休眠口座と見なされ、その残高は最終的には国に納付されます。

言い換えれば、その分の相続税は100％というわけです。故人が遺したお金は、その人が生きた証しともいえます。それを把握しきれなかったばかりに、未確認分の全額が国に納められることを「お国のためならそれもよし」と思える人は稀でしょう。

本人の死後、金融機関の情報開示のためには、所定の手続き書類、相続人全員の合意書、さらには本人が籍を置いたすべての市区町村の住民票の除票と戸籍の除籍謄本が必要です。

すべてデジタル化していれば、除籍謄本の照会などわけもないことですが、実情は推して知るべしでしょう。私の場合は、父がたびたび本籍を移していたのも厄介でした。

さらに、父の世代ならではの戦災による戸籍謄本消失の事実が加わり、消失したという証明書を提出せよと言われたものの、所定のフォーマットは存在しない……などなど、手続きは煩雑に煩雑の上塗りとなり、ほとほと疲れ果ててしまいました。ただ戸籍関係の書類をそろえるだけの作業に3カ月以上も費やしてしまいました。

そんな父の遺産相続の手続きのなかで、しみじみと思い返していたことがあります。母の死です。母は2000年に亡くなりました。私の自宅で父ともども食事をした3日後に倒れ、そのまま帰らぬ人となりました。医師の見立てでは、死の前日、本人がいうところの「風邪気味」で食欲がなく、空腹のまま糖尿病の薬を飲んだことで、低血糖による心不全が起こったようでした。

不思議な話なのですが、母は自分の死がそう遠くないことを予感していたのではないかと思うことがあります。

というのも、亡くなる3日前の食事の席で、母は「明日、おばあちゃん（母の母）の3回忌法要だけど7回忌のときは出られないから、これが最後なの」と話していたからです。さらに亡くなる前日には、「私の葬儀代、銀行でおろしておいたほうがいいわよ」なんて父に言ったそうなのです。

もちろんそのときは元気だったので、私も父も、まともに受け取りませんでした。

しかし、その直後に母は亡くなったわけです。人はいつ死ぬかわからない。もし母の死を機に、父がこう思い改めて多少なりとも身辺整理を済ませてくれていたら、あの相続の苦労はだいぶ軽減されたはずだと思えてなりません。

知っておくべき資産整理のポイント

ここで私の経験から、資産整理のポイントを紹介しておきましょう。

まず**預金口座、証券口座**（**あれば**）**のリストを作成**します。

なぜこれが重要なのかは、本書をここまで読んできたみなさんならわかるでしょう。父の預金口座をすべて把握するのに、膨大な労力と時間を費やしました。いや、すべて把握しきれたかどうか、いまだにわかりません。

苦労して突き止めた口座には、残高がたったの700円だったものもありました。銀行でそれが判明した瞬間、私は「放棄します」といって即座に去りましたが、言いようのない徒労感に襲われました。

さらに、**預金口座も証券口座も一本化しておく**ことをおすすめします。これは今すぐでなくてもいいかもしれませんが、人はいつ死ぬかわかりません。やはり遺族に口座を把握する苦労をかけないためには、早めに済ませておいたほうがいいと思います。

こう書くと簡単なことに思えるでしょうが、意外と時間と労力がかかる場合があるので要注意です。私自身、預金口座と証券口座のリストを作成した時点で安心していたのですが、それらの一本化には存外に苦労しました。

口座番号、通帳、口座開設時に登録した印鑑、ネット銀行の場合は暗証番号、すべてがそろわないと、たとえ本人であっても解約するのは容易ではありません。口座ごとに登録している印鑑が違っていたら、口座と印鑑を合致させるだけでも一苦労です。

また、これら必要なものがそろえば、後は銀行窓口に行くだけかと思いきや、それも見込みが甘過ぎました。父が亡くなったころは、金融機関に出向けば窓口対応をしてもらえましたが、今はウェブによる完全予約制をとっているところが大半です。しかも、予約日時が1週間後とか2週間後とか、思いのほか時間がかかるのです。

そこで私が得た教訓は次の2点です。

まず、複数の口座を持っているのなら、**資産リストには金融機関名と資産内容だけでなく、通帳の保管場所、登録印鑑、暗証番号も併せて記載すること。そして一本化するときには、意外と時間がかかる場合があるので、一気可成《かせい》に済ませようとするのではなく、早めに始めて徐々に完了させること。**

前に、ずっと先の未来に意識を飛ばして、死から生を眺めてみることが大切であると述べました。

死を意識することで、今、いかに生きるかが際立ってくる。それは人生を充実させるということのみならず、いつ訪れるかわからない自分の死後に起こることを予見し、備えておくことにもつながるのです。

元気なうちから死を意識することで、人生はいっそう輝く

仲間を作らず、一匹狼で生きる

常識　⬇仲間を持つことで強くなり、成功しやすくなる

真実　⬇仲間を持たず、一匹狼でいることでしがらみに振り回されず、信念を貫ける

独りであっても、決して孤独じゃない

私は「一人で戦うこと」を信念として生きてきました。仲間を作らず、一匹狼として独立独歩の道を歩むこと。これこそが、私が貫いてきた生き方です。

これまで何度も、志を同じくすると思われる人々から「一緒に活動しないか」「組織を立ち上げよう」「選挙に出馬してみないか」といった誘いを受けてきました。しかし、私はそのすべてを断ってきました。なぜなら、私は他者と群れることよりも、自

分の信じる道を一人で突き進むことに価値を見出しているからです。

もちろん、知り合いや仕事上の関係者は多くいます。しかし、私には「仲間」と呼べる存在はいませんし、友人という概念もほとんど持ち合わせていません。唯一、例外的に「仲間」といえるのは、家族くらいのものです。

多くの人は、仲間を持つことの重要性を強調します。仲間がいれば、支え合い、互いに補い合いながら、より大きなことを成し遂げられる。友人がいれば、悩みを共有し、苦難を分かち合いながら乗り越えられる。確かに、それは一般的な考え方かもしれません。しかし、本当にそうでしょうか？

あえて仲間を作らなかったことには明確な理由があります。第一に、**仲間を持つことは、同時に「リスクを背負うこと」でもある**からです。たとえば、自分が何らかのスキャンダルやトラブルに巻き込まれたとき、仲間にも影響を及ぼしてしまうでしょう。逆に、仲間の誰かが問題を起こした場合、今度は自分が巻き込まれることになります。

私は、なるべく人に迷惑をかけたくないし、他人のトラブルに巻き込まれるのも御免です。自分のエネルギーは、自らの使命だけのために使いたい。そのためには、仲間を持たないのが最善だと考えているのです。

すべての人とオープンな関係性を築く

また、仲間というのは、言い換えれば「内輪の人間関係」を意味します。**仲間を作るということは、必然的に人々を「内」と「外」に分けることになり、そこには優遇される者と、疎外される者が生じます。これは、社会のなかに新たな格差を生むことにつながる**のです。

私は、誰に対してもオープンな関係を築きたいと考えています。だからこそ、特定の仲間という枠を作らず、誰とでも公平に接する姿勢を貫いてきました。一匹狼として生きることはむしろ、すべての人と対等に接するための手段なのです。

さらに、仲間には「裏切り」「派閥争い」「内部対立」などの問題もつきものです。どれほど信頼し合っているように見えても、人間関係には必ず軋轢《あつれき》が生じます。仲間を持たなければ、こうした煩わしさから解放され、ひたすら自分の信じる道を進むことができるのです。

また、強い勢力に敵視されて仲間ごと潰される危険性もあります。組織を持たない一匹狼であれば、狙われるリスクも少なく、逆に機動力を生かして柔軟に動くことができます。私は、そうした生存戦略の観点からも、一人で戦うことを選んできました。

一匹狼でいることは決して孤独ではありません。それは、自由であり、自立しているということです。私はこれからも、この生き方を貫き、一人の力で自らの使命を全うしていくつもりです。

独立独歩で生きればすべきことに集中できる。人間関係の本質を見極め、最適な距離をとろう

「生きがい」だけのために生きなさい

常識 ⬇やりたいことよりもお金を稼げることを優先する

真実 ⬇やりたいことをするために生きる

夢を持つな。タスクを持て

「生きがいだけのために生きる」――この言葉に戸惑う人は、私が思っている以上に多いかもしれません。実際、「生きがいのために生きる」と言われても、自分にとって何が生きがいなのかわからない、つまり「自分が本当にやりたいことが何なのかが見つからない」と感じる人が、驚くほど多いのです。

では、なぜ多くの人が「やりたいこと」を見つけられないのでしょうか。そこには、私たちが無意識のうちに刷り込まれてきた、「お金を稼がなくては生きられない」という思い込みが深く関係しているのではないかと私は考えています。

資本主義社会は、たしかに利便性を高め、経済的な発展をもたらしてきました。しかし、その一方で、人々の価値観を「お金を得ることが人生の目的である」という方向に傾けてしまいました。その結果、多くの人が「自分が本当に何をしたいのか」よりも、「何をしたらお金になるのか」を基準として生きるようになってしまったのです。

よく考えてみると、これはとても悲しいことです。本来なら、「自分がやりたいかどうか」で選ぶべきことが、「それで生活できるかどうか」「どれくらい儲かるか」という判断基準によって左右されてしまう。これでは、まさにお金に依存し、人生の主導権をお金に渡してしまっているのと同じことです。果たして、そんな生き方で本当に幸せになれるのでしょうか。

私は違うと思います。

人の幸せは、自分が本当にやりたいことをしているときにこそ感じられるものです。

もちろん、生活するためにお金を稼ぐことは必要です。しかし、**お金を稼ぐことだけを人生の目的にするのと、「お金とは別に、自分が心からやりたいことを見つけ、それに取り組む時間を確保する」のとでは、人生の満足度は大きく違ってくる**はずです。

私は大学で教えるようになって20年以上がたちますが、学生たちにいつも伝えていることがあります。それは、「**夢を持つな。持つべきものはタスク**（課題）**である**」ということです。

夢とは、「いつかかなえられたらいいな」と思うものです。そして、「いつか」は「永遠に起こらない」に等しい。つまり、「いつかできたらいいな」と思っていることは、「永遠に実現しない」こととほぼ同義なのです。

しかし、それを「タスク」として捉えると、話は大きく変わります。タスクとは、「取り組むべき課題」のこと。夢とは違い、タスクになった瞬間、それを実行するために何かしらの行動を起こさざるを得なくなるのです。

たとえば、私が童話作家としてデビューできたのも、それを夢ではなくタスクにしたからです。「童話作家になる」というのを、単なる夢ではなく「取り組むべき課題」